Stb

Chris Griscom ist eine der großen spirituellen Lehrerinnen unserer Zeit. Ihre Bücher, Seminare und Vorträge sowie das von ihr gegründete »Light Institute« haben einem breiten Publikum die Anschauungsweise des ganzheitlichen Bewußtseins zugänglich gemacht. Sie hat Energieprozesse entwickelt, die uns erlauben, Zugang zu Erfahrungen von früheren Leben zu finden und die uns helfen, unser volles geistiges Potential zu erkennen und zu entfalten. Die Autorin lebt in New Mexico, USA.

Die Anschrift lautet:
THE LIGHT INSTITUTE
40 Calle Nizhoni
Galisteo, New Mexico 87540
USA
Tel.: (001)5054661975
thelight@lightinstitute.com
http://www.lightinstiute.com

In diesem Praxisbuch zeigt die Heilerin Chris Griscom sanfte und überzeugende Wege zu einem alterslosen Körperbewußtsein. Das hier vorgestellte Energieprogramm schenkt Jugendlichkeit, Gesundheit und Vitalität.

CHRIS GRISCOM

DER QUELL DES LEBENS

DAS PRAKTISCHE KÖRPER-ENERGIE-PROGRAMM

Aus dem Amerikanischen übertragen
von Olivia de Seijo

Stb

Dieses Buch will Chris Griscoms persönlichen Ansatz als Heilerin und spirituelle Lehrerin vermitteln und über ihre Methoden und Übungen informieren. Wer ihre Anregungen umsetzen möchte, sollte zunächst seinen Arzt in bezug auf Verträglichkeit und Folgen befragen. Die Autorin und der Verlag lehnen ausdrücklich die Verantwortung für alle Risiken, die dem Leser durch die Anwendungen der im Buch beschriebenen Methoden und Übungen entstehen könnten, ab.

Von Chris Griscom ist als Schirner Taschenbuch
bereits erschienen:
Zeit ist eine Illusion (978-3-89767-468-4)
Die Heilung der Gefühle (978-3-89767-518-6)
Der weibliche Weg (978-3-89767-524-7)
Die Frequenz der Ekstase (978-3-89767-526-1)
Der Körper als Ausdruck der Seele (978-3-89767-555-1)

Die amerikanische Ausgabe erschien 1992 unter dem Titel
»*The Ageless Body*« bei Simon & Schuster, New York

Mit Fotos von Megan Griscom und Zeichnungen von Austin Hansen

ISBN 978-3-89767-554-4

1. Auflage

Umschlaggestaltung: Murat Karaçay
Satz: Sharmila Maas
Herstellung: Reyhani Druck und Verlag, Darmstadt
www.schirner.com

Inhalt

KAPITEL 4:

KAPITEL 5:

KAPITEL 6:

Kapitel 7:

Kapitel 8:

Kapitel 9:

Kapitel 10:

Dank

Meine tiefempfundene Dankbarkeit richtet sich an meine Mitarbeiter im LIGHT INSTITUTE, die mich durch dieses kreative Abenteuer mit Ermutigung und Unterstützung begleitet haben. Von Herzen möchte ich auch meinen Kindern danken; insbesondere Teo und Bapu, die mich so lange mit diesem Buch teilen mußten, und meiner Tochter Megan für ihre wundervollen Photos. Sehr viel verdanke ich auch Uli Schumacher, auf deren Schultern die organisatorischen Details lagen.

Der Quell des Lebens
ist mit aller Liebe und großem Respekt
meinem eigenen Körper gewidmet,
der mir dieses wundervolle Leben gestattet
und der mich die Quelle seiner Kraft
und seines Willens schauen ließ.

Ein Wort an den Leser

Liebe Freunde,

Dieses Buch über den ALTERSLOSEN KÖRPER unterscheidet sich von meinen anderen Büchern. Es enthält viele Dinge, die ich schon vor langer Zeit gelernt und gelehrt habe. Anfangs konzentrierte ich mich in meiner Arbeit auf den physischen Körper. Mit diesem Buch schließe ich den Kreis. Ich habe den ganzen Körper durchforscht, seine Knochen, Gewebe und Organe, wie auch die Wege, die Gefühle durch den Körper nehmen, die emotionalen Speicherungsprozesse. Schließlich stieß ich auf die Energiequellen des Körpers, die ihn nicht nur wachsen lassen und jung halten, sondern durch die er auch transzendiert. Durch die magische und göttliche Fähigkeit des Körpers zu transzendieren ist er in der Lage, mit allen Schwierigkeiten und Wandlungen umzugehen, so daß er überlebt oder sich durch Wandel anpaßt. Der Wandel geschieht durch eine Veränderung der Vibration, die eine höhere Frequenz bekommt und damit die Energie anhebt, um die bisherige

Realität zu läutern. Indem wir auf altes Wissen zurückgreifen und es auf eine für die heutige Zeit verständliche Weise ans Licht bringen, vermögen wir unseren wundersamen Körper selbst zu meistern. Mit Hilfe der verborgenen Weisheit derer, die ihr Leben der Ausübung der universellen Gesetze der Materie gewidmet haben, können wir die Alterslosigkeit unserer Körper erfahren. Gleich ob Sie achtzehn oder achtzig Jahre alt sind, dieses Buch hat Ihnen etwas zu sagen und kann Ihre Lebensqualität verbessern. Wenn Sie begreifen, daß Sie selbst die Macht besitzen, über Ihren eigenen Körper zu bestimmen und ihn zu motivieren, haben Sie etwas Wesentliches über die Bedeutung des Lebens gelernt.

Der Körper ist kein solides, dichtes Stück Materie, das wächst, reift und stirbt. Jeder Ausdruck des Körpers wird durch die Energien bestimmt, die durch ihn fließen. Wir erkennen diese Energien mit Hilfe unseres Bewußtseins, welches alle Dinge dieses Universums durchdringt, und können sie dadurch beeinflussen. Indem wir das Tor zur Bewußtheit aufstoßen, werden wir entdecken, daß unser Körper zu Dingen fähig ist, die wir uns nie erträumt hätten!

Der Quell des Lebens erforscht zwei Gesichtspunkte: das Streben nach »ewiger Jugend« und nach Verlängerung des Lebens. Der Wunsch nach »ewiger Jugend« ist eng mit dem eigenen Selbst-Verständnis verbunden; es hat aber auch mit der Qualität und dem Sinn des Lebens zu tun.

Unsere Selbsteinschätzung wird sehr stark durch die Sicht unserer Mitmenschen geformt. In den verzweifelten Kampf gegen die Zeit verstrickt, klammern wir uns an unsere »äußere Hülle«, mit dem Ziel, ewig begehrenswert zu erscheinen. Die Angst vor dem Tod und die Hoffnung auf Unsterblichkeit erklären das Streben nach der Verlängerung des Lebens. Für die Menschheitsentwicklung ist es von Bedeutung, Leben und Tod neu zu betrachten, um die kosmischen Gesetze, die den Prozeß der Verkörperlichung regieren, zu erkennen und auszunutzen. Unsere physische Energie auf dieser Ebene und die Energie, die diese dreidimensionale Existenzebene überwindet und sich ins Universum ausbreitet, sind miteinander verbunden. Wir sind nicht nur unsere physische Existenz. Ein bewußter Teil unseres Selbst führt uns in die Geburt hinein, trägt uns aus unserem Körper hinaus in Welten reiner Energie und wieder zurück. Die Voraussetzung für die Lebensverlängerung liegt jedoch nicht in der Verneinung des Todes sondern im bewußten Umgang mit dem Leben.

Die Ausdehnung der Lebensspanne ist auch von der modernen Technik in seiner Bedeutung erkannt worden. Sie kann den Körper unterstützen und ihm helfen. Doch sie führt uns nicht zu der unendlichen Energie der Lebensquelle. Die Weisheit der alten Meister hingegen wird uns den Weg zeigen, um einen ALTERSLOSEN KÖRPER voller Energie und Licht zu erlangen. Es ist an der Zeit, sich ihrer Geheimnisse zu bedienen, um das Leben besser auskosten zu können. Wir sollten die von ihnen erkannten universellen Gesetze selbst anwenden, denn sie beeinflussen die Gesamtheit der Lebensenergie, die unserem Körper zur Verfügung steht.

Tief in mir habe ich mich verpflichtet, diese kosmischen Gesetze zu lernen. Vielleicht bin ich deshalb in diesem Leben sechsmal an die Schwelle des Todes gelangt. Ausgelöst durch Unfälle oder Krankheit habe ich meinen Körper verlassen und bin wieder in ihn zurückgekehrt. Jedesmal lernte ich Neues über das, was sich jenseits der materiellen Welt befindet und was sie kontrolliert.

Jede meiner Fast-Todeserfahrungen lehrte mich verschiedene Aspekte der Gesetze, die das Leben regieren. Und sie bescherten mir, tief in meinem Inneren, die unzweifelhafte Gewißheit, daß wir jenseits unseres Körpers existieren. Unser Bewußtsein, das keineswegs in unseren Körpern gefangen ist, wählt für uns auf den verschiedensten Ebenen unsere Lebenserfahrungen aus.

Ich schreibe dieses Buch aufgrund eines äußerst starken Todeserlebnisses, das ich 1988 hatte. Nach dem Schock dieser Erfahrung geriet mein Körper sofort in die Menopause und nahm alle Zeichen schnellen Alterns an. Sie veränderte ihn so sehr, daß ich die Notwendigkeit erkannte, etwas für ihn zu tun, denn sonst würde ich sicherlich chronisch krank werden.

Es geschah während einer Reise nach Mexiko, als ich eine Wunde hatte, die genäht werden mußte. Obwohl ich die Ärzte davor warnte, daß ich gegen die meisten schmerzstillenden Mittel allergisch bin, spritzten sie mir intravenös ein Anästhetikum. Mein Herz hörte auf zu schlagen, und ich konnte nicht mehr atmen.

In meinem Bewußtsein fand eine großartige Energieexplosion statt, als es hinaufgezogen wurde, aus meinem Körper hinaus. Ich gelangte in eine Lichtdimension, die jenseits von allem ist, was wir bei normalem Bewußtsein erleben können.

Währenddessen lag mein Körper etwa eine Stunde lang leblos auf dem Operationstisch, und die Chirurgen warteten auf meine Rückkehr. Sie konnten zwar meinen Atem wieder in Gang bringen; doch offensichtlich schien mein linker Herzflügel einen dauerhaften Schaden davongetragen zu haben. Der Herzspezialist schlug eine Bypass-Operation vor. Als sei das noch nicht schlimm genug, bekam ich drei Tage später Typhus.

Wie dies oft bei schlimmen Erkrankungen geschieht, gewann mein Bewußtsein nun eine seltsame Klarheit. Ich konnte meinen vollendeten Körper sehen und wie er sich von demjenigen, der auf dem Bett lag, unterschied. Von dieser Klarheit geführt, vertraute ich mich meinem ätherischen Lichtkörper an. Ich legte das Herz meines Lichtkörpers auf mein beschädigtes physisches Herz, um es an seine »wahre« Struktur zu »erinnern«. Drei Tage später schüttelten die Ärzte verwundert den Kopf und meinten: »Das kann nicht sein! Das Elektrokardiogramm ist ohne ersichtlichen Grund vollkommen verändert. Und das ist einfach unmöglich!« Doch es war möglich, denn ich hatte die Lichtenergie angezapft, welche die Blaupause des physischen Körpers enthält, und hatte meine Zellen an ihre Bestimmung »erinnert«, sie so zu etwas völlig Neuem antreibend. Mein Körper erhielt Hilfe durch seine Verbindung zu der kosmischen Energie der Lebenskraft. Deshalb bin ich noch ganz und gar lebendig!

Ich kehrte in die Vereinigten Staaten zurück und suchte meinen Freund Alex Orbito auf, den berühmten philippinischen Psychochirurgen. Alex bearbeitete mein Herz zweimal, um das Narbengewebe zu entfernen. Danach war ich in der Lage, eine Vorlesungstournee, die zehn Tage nach diesem Vorfall stattfinden sollte, wahrzunehmen.

Und dennoch hatte der Alterungsprozeß auf entmutigende Weise von mir Besitz ergriffen. Es war, als sei mir der

Stempel des Todes aufgeprägt worden. Mir war klar, ich mußte etwas tun, um die Interpretation meines Körpers von seinem eigenen Lebensplan zu verändern. In diesem Buch habe ich all mein Wissen zusammengetragen, welches ich seither über den Körper und seine Gewohnheit zu altern gesammelt habe.

Der Quell des Lebens ist voller Ratschläge und Übungen, die Ihnen helfen sollen, Ihren Körper günstig zu beeinflussen und zu erkennen, wie Sie dies tun können. Ich hoffe jedoch, daß Sie die absolute Macht Ihres Bewußtseins entdecken, mit der Sie selbst Ihre Körpererfahrungen steuern können. Die Aufmerksamkeit und Liebe, die Sie Ihrem Körper zukommen lassen, machen den ganzen Unterschied aus.

Die Übungen, die ich Ihnen zeigen möchte, haben auf meinen eigenen Körper tief eingewirkt. Als ich mit ihnen begann, veränderte sich vor allem anderen der Puls meiner inneren Organe auf dramatische Weise. In der chinesischen Medizin messen wir den Puls der zwölf inneren Organe und erfahren so etwas über die innere Zusammenarbeit des Körpers. Jedes dieser inneren Organe hat einen eigenen Rhythmus oder Puls, der seinen energetischen Zustand ausdrückt.

Seit dieser letzten Fast-Todeserfahrung hatte ich einen schwachen und unregelmäßigen Herzschlag. Mein Leben lang hatte ich einen leichten, »drahtigen« Puls gehabt, denn meine Konzentration auf die physische Form war eher flüchtig. Wenige Wochen nachdem ich mich einem konsequenten Übungsprogramm unterworfen hatte, begann ich in allen Organen einen starken, gleichmäßigen Puls zu fühlen. Dies ist für mich ein eindeutiger Beweis, daß etwas jenseits der Körperchemie mit mir geschah. Auch haben diese Übungen schon für so viele Menschen Wunder bewirkt, daß ich den dringenden Wunsch verspürte, sie einer breiten Öffentlichkeit mitzuteilen.

Begleiten Sie mich nun auf diese Reise in Ihren Körper und in Ihr Bewußtsein hinein, um die alten Gedankenformen aufzudecken, die Sie das Altern und den körperlichen Verfall hinnehmen lassen. Sie werden sich selbst als wunderbare Schöpfung erleben. Und hoffentlich werden Sie auch einige dieser großartigen Übungen ausprobieren, die durch Jahrhunderte hindurch von weisen Wesen in weitem und sinnvollem Leben geprüft worden sind.

Der Quell des Lebens ist ein Gefährt mit großem Reichtum und von großer Komplexität. Es wurde von göttlicher Kraft für Sie und für mich entworfen, um hier, auf der materiellen Ebene und im Körper, sinnhaft zu verweilen. Je mehr Sie von den verwobenen, subtilen Energien erfahren, desto mehr werden Sie verstehen, was der Tod mich gelehrt hat: Es gibt im Universum reale Dinge, die wir weder sehen noch berühren können und die dennoch die Wirklichkeit beeinflussen. Dieses Buch enthält keine wissenschaftliche Entdeckung. Es handelt vielmehr davon, etwas zu erwekken, was schon immer dagewesen ist, aber nie erforscht wurde.

Einführung:

Was ist der ALTERSLOSE KÖRPER?

In der modernen, hektischen Welt wird das Streben nach Geld und Ruhm nur von dem Wunsch nach ewiger Jugend übertroffen. Obwohl wir den Beitrag, den gerade junge Menschen zu unserer Gesellschaft leisten, nicht sonderlich beachten oder würdigen, beten wir doch ihre Körper und ihre Energie an. Wir alle wollen jugendliche Vitalität ausstrahlen. Wir meinen, mit voller Kraft auftreten zu müssen, damit kein anderer unseren Stand auf dem trügerischen Marktplatz des Lebens erobert.

Dieses Konzept des Marktes, des Kaufens und Verkaufens, hält uns in einem festgelegten und begrenzten Ausdruck der Existenz fest. Diese äußere, materiell orientierte Welt beansprucht zu viel von unserer Freiheit. Räumlich und geistig festgenagelt warten wir auf die Billigung und das Urteil anderer. Bei der Suche nach Tricks, um andere zu täuschen, bietet uns der Körper den besten Weg, um Zustimmung zu erlangen. Praktisch jeder Mensch braucht Liebe und kann durch äußerliche Körperlichkeit angelockt werden und selbst andere verführen. Doch wenn wir älter

werden, verlieren wir diese Krücke, und wir ängstigen uns davor, wegen nachlassender physischer Attraktivität nicht mehr auserwählt und geschätzt zu werden. Um dieser unvermeidlichen Situation auszuweichen, täuschen wir uns vorsätzlich über den Alterungsprozeß. Wir versuchen alles, um die Zeichen des Alters zu verwischen. Als Kinder träumen wir davon, endlich größer und älter zu sein, weil wir meinen, durch Körpergröße und Erfahrung in der Welt mehr Macht zu haben. Doch kaum ist die Pubertät vorbei, schon dämmert es uns, daß viel mehr von uns verlangt wird, wenn wir erst »groß« sind. Sobald wir in die Erwachsenenwelt treten, erfahren wir, daß Hilfe nicht mehr so bereitwillig geleistet wird wie in der Kindheit. Ein innerer Kampf beginnt. Der Körper entwickelt sich vorwärts, um sein Schicksal zu erfüllen, und der Kopf beginnt, unsicher zu werden, wenn er den Ausblick auf eine mögliche Zukunft begreift. In unserem Herzen flüstert die heimliche Sehnsucht nach der Geborgenheit der Kindheit ihre Wünsche. Wir alle kennen den Mythos von Peter Pan, der nicht erwachsen werden wollte.
Anfänglich drängt uns der jugendliche Körper mit seiner unerschöpflichen Energie in den Lebensfluß hinein. Doch jedes Stadium des Erwachsenseins wirft einen immer schwereren Mantel über unser einst so leichtherziges Selbstbild. Wir fangen an, uns wehmütig nach dem »Glanz der Jugend« zu sehnen. Ständig träumen wir von den aufregenden Abenteuern aus unseren Schultagen. Wir träumen von ihnen, weil wir fürchten, uns der Lächerlichkeit preiszugeben, wenn wir sie erleben. Das Erwachsenenleben erhält seine Struktur durch Ziele und Aufgaben. Im Konflikt mit ihnen werden wir »schuldig« und verherrli-

chen allmählich die Jugend als einen verlorenen Hafen der Unschuld.
Erfolg im Leben, das erkennt man in der Rückschau schnell, stellt sich vor allem dort ein, wo wir mit fließender Energie und Enthusiasmus gehandelt haben – eine Fähigkeit, die uns in der Jugend so frei zur Verfügung stand. Der Verlust dieser Leichtigkeit läßt die Jugend so viel leuchtender erscheinen als die bedrückende Situation der Erwachsenenwelt. Als junge Menschen trauen wir uns so viel zu, weil wir über unendlich viel Energie zu verfügen meinen und es kaum abwarten können, zu handeln. Wir identifizieren uns mit unserem Körper und setzen ihn für die vielen Dinge ein, die wir erreichen wollen. Dabei haben wir anfangs weniger eine berufliche Karriere im Sinn, als vielmehr die Befriedigung unseres Bedürfnisses nach Zuwendung und Aufmerksamkeit.
Warum müssen wir Leichtigkeit und Energie der Jugend verlieren? Warum geben wir dieses leichtherzige Vertrauen ins Leben auf, das uns hilft, jede neue Möglichkeit so furchtlos anzugehen? Wenn wir uns darauf konzentrieren, auf unserem Weg durch das Leben Weisheit zu gewinnen, so wären unsere Körper fähig, ihre Eleganz mit einer hinzugewonnenen Anmut und Würde auszudrücken, die der diffusen Energie der Jüngeren nicht zur Verfügung stehen. Viele von uns zweifeln mit zunehmenden Jahren ihr Urteil über sich selbst und andere an und glauben schließlich – irrtümlicherweise –, daß sie im Leben nichts zu gewinnen haben. Wir besitzen so viele Gedankenformen über den Prozeß des Alterns, daß die daraus resultierende Negativität selbst das Altern stattfinden läßt.
In diesem Buch soll gezeigt werden, wie sehr das, was man

denkt oder glaubt, Formen erschafft und im physischen Körper manifestiert wird. Man denkt sich regelrecht in die Hilflosigkeit und schließlich auch in den Tod hinein.
Aber es muß nicht so sein. Man kann Meisterschaft über den Körper erlangen und ihn in einem alterslosen Zustand bewahren. Wenn Ihr Geist und Ihr Körper alt geworden sind, können Sie mit großer Wahrscheinlichkeit diesen Zustand kraft Ihres Versuches und mittels der einfachen Lehren, die in diesem Buch stehen, ändern. Der ALTERSLOSE KÖRPER kann nicht ein Körper sein, der ewig falten- und fettlos bleibt. Er ist ein Körper, der deshalb nicht altert, weil er von innen heraus gesund ist, weil er seinen physischen Aufgaben gewachsen ist und von einem aufmerksamen Bewußtsein gelenkt wird. Er befindet sich in wirklicher Harmonie mit dem Leben.

KAPITEL 1:

Die Entdeckung des ALTERSLOSEN KÖRPERS

Wir bestehen nicht nur aus Knochen, Blut und Fleisch, sondern wir sind wunderbare Kanäle für die Energie, die uns zum Lachen bringt, uns tanzen und lebendig macht!

Nicht nur der moderne Mensch sucht nach den Geheimnissen der Jugend und des ALTERSLOSEN KÖRPERS. Seit Generationen richten sich Gedanken und Mühen darauf. Jede Zivilisation hat irgendwelche Formen oder Techniken entwickelt, um die Zeichen der Zeit und des Zerfalls zu verbergen. Die Wissenschaft des zwanzigsten Jahrhunderts hat viel erreicht. Auf allen Erdteilen wird das Durchschnittsalter immer höher. Das Fortschreiten moderner Technologie hält den Vollzug des Todes meisterhaft auf. Die Medizin hat fast alle Körperteile ersetzbar gemacht, angefangen bei Herz und Nieren bis hin zu Kniegelenken, Hüften und Haaren. Durch die Anwendung von Biochemie oder fortgeschrittenen pharmazeutischen Mitteln können wir einen Teil der Degeneration des Körpers verlangsamen oder ausgleichen.

Doch gibt es kein medizinisches Heilmittel gegen das Altern und seine zerstörerische Wirkung auf den Körper. Auf der Suche nach dem Schlüssel zum Altern erforschen Wissenschaftler überall in der Welt die Feinheiten der Genetik, den Einfluß von Umweltfaktoren, Ernährung und Körperbewegung. Doch bisher hat die Forschung nur zeitlich begrenzte und keinesfalls einschneidende Erfolge erzielt. Man experimentiert mit den Körperfunktionen, ohne wirklich zu erkennen, wo die Ursache für den Alterungsprozeß liegt. Eine der interessanten Theorien über den Prozeß des Todes beruht auf der vermuteten Existenz eines »Todeshormons«, das während der Pubertät aktiviert wird und den scheinbar unvermeidlichen Weg zum Tode hin einleitet. Neue Entdeckungen auf den Gebieten der Biochemie, der Molekular- und Ernährungsforschung ermöglichen uns erfreulicherweise einen Blick über die Schwelle körperlicher Komplexität hinweg in eine phantastische Welt lebender Konstruktionen, die das »menschliche Gefährt« regieren.
Dennoch werden wir niemals das kosmische Geheimnis des Lebens enthüllen, wenn wir nicht – über die physischen und biochemischen Prozesse hinaus – an die Quelle der Energie selbst gehen, die tatsächlich unser Körper ist. Wir haben bisher wenig getan, um unseren wirklichen Körper zu entdecken. Trotzdem verlangen wir unendliche Energie von ihm, während wir ihn zugleich sträflich vernachlässigen. Wir haben nach den verschiedensten schnellen Lösungen gesucht, Pillen, Substanzen, Techniken, die unsere Körper jung und anders machen. Doch liegt der kosmische Witz gerade darin, daß sich die wesentliche Lebenskraft innerhalb und jenseits des Körpers befindet. Wir sind nicht nur Knochen, Blut und Fleisch; wir sind wunderbare

Kanäle für jene Energie, die uns zum Lachen bringt, uns tanzen und lebendig macht! Wenn wir das Geheimnis des ALTERSLOSEN KÖRPERS ergründen wollen, dann müssen wir über die physische, materielle Ebene hinaus in die Oktaven reiner Energie blicken. Schon lange vor unserer Zeit wußte man, daß man sich mit dem Altern nicht einfach abfinden muß, sondern daß man es beeinflussen kann, indem man mit den besonderen Körperenergien arbeitete. Obwohl der Körper natürlich reift, muß er deswegen noch lange nicht verfallen.

Das Geheimnis des Körpers ist nach wie vor in der unbeantworteten Frage nach der Herkunft des Lebens eingeschlossen. Woher kommt der Lebensfunke? Gibt es eine allmächtige Energie, die alles durchdringt? Die Weisen vergangener Zeiten wußten alle von dieser Lebenskraft, welche die Materie durchdringt und ihr Leben einhaucht. Eine der wichtigen Hypothesen dieses Buches ist, daß ein gesunder Körper ein ALTERSLOSER KÖRPER ist, denn seine Lebensenergie wird ständig belebt und regeneriert, so daß er seine Kraft unendlich lang erhält. Wie aber können wir sicher sein, daß der Körper selbst fähig ist, sich vor Alter und Verfall zu bewahren? Vielleicht nur, weil man seit Jahrhunderten davon spricht. Es gibt Berichte von Meistern und auch normalen Menschen, die Hunderte von Jahren gelebt haben sollen; das wäre ein Beweis dafür. Solange solche Mythen existieren, wird die ganze Menschheit vom ALTERSLOSEN KÖRPER träumen. Durch das riesige Gewebe von psychischen und genetischen Mustern hindurch wird das Sehnen nach Alterslosigkeit immer aufs neue unser Bewußtsein anstacheln. Ewig werden wir nach dieser Zeitlosigkeit streben; vielleicht weil der Körper tief in seinem Inneren weiß, daß dies ein möglicher Zustand ist.

Wie man seinen ALTERSLOSEN KÖRPER entdecken kann? Als erstes sollten Sie sich Ihres Körpers, so wie er ist, bewußt werden. Meistens denkt man nur dann an seinen Körper, wenn er schmerzt. Man spürt ihn in einem steifen Rücken, in der verminderten Bewegungsfähigkeit oder in Verdauungsbeschwerden. Wir müssen jedoch lernen, mit dem Körper wie mit jemandem ganz besonderen zu leben. Wann haben Sie Ihrem Körper zum letzten Mal gedankt oder erkannt, welche großartigen Leistungen er für Sie vollbringt? Es ist zu einfach, den Körper wie ein Familienmitglied zu behandeln, dessen liebevolle Freundlichkeit man als selbstverständlich voraussetzt, ohne dafür besonders dankbar sein zu müssen. Statt sich über das zu beklagen, was der Körper nicht kann, sollten Sie ihm Mut zusprechen. Sie wären über die sofortige Reaktion überrascht. Indem Sie die Teile des Körpers entdecken, die gestärkt werden müssen, können Sie sich an die Arbeit machen, das erste Wunder zu vollbringen.

ÜBUNG

Den Körper wahrnehmen

- Schauen Sie sich Ihren Körper gründlich an und machen Sie sich klar, wie Sie ihn wirklich einschätzen. Sie selbst wissen ja am besten, ob Sie beispielsweise ein guter Läufer sind oder ob Sie schnell außer Atem geraten. An Ihrem Gewicht erkennen Sie, ob Sie einen langsamen Stoffwechsel haben, ob Sie schnell verdauen oder ob Sie oft Blähungen haben.

- Erspüren Sie Ihren Sexualtrieb, Ihre Fähigkeit, morgens aufzustehen und den ganzen Tag durchzuhalten. Vielleicht wissen Sie auch, welches Ihrer Organe stärker oder schwächer ist, ob Sie zu Lungen- oder Blasenentzündungen neigen oder ob Sie ein starkes Herz besitzen.
- Bewerten Sie die einzelnen Funktionen Ihres Körpers. Es geht nicht darum, was Ihnen jemand anderer über Ihren Körper gesagt hat, sondern nur darum, was Sie selbst über ihn wissen, denn nur Sie leben in ihm und können ihn wirklich fühlen.
- Vielleicht möchten Sie auch eine Liste der Stärken und Schwächen Ihres Körpers anlegen, sobald sie diese bewußt wahrgenommen haben.
- Jede Gedankenform, die Sie über Ihren Körper in sich wahren, ist eine Manifestierung und damit eine Voraussage, die nur darauf wartet, erfüllt zu werden. Achten Sie also darauf, Ihren Körper nicht bei einer negativen Schlußfolgerung zu belassen, damit er diese Gedankenform nicht auf der Ebene der Zelle wiedergibt und sie so tief verinnerlicht, daß er denkt, er solle so sein.

Sobald Sie wissen, was an Ihrem Körper geheilt werden muß, sollten Sie sich daran machen, ihn zu ändern. Höchstwahrscheinlich betrachten Sie Ihren Körper viel zu kritisch und werden, so wie Sie ihn einschätzen, seiner Großartigkeit und Kraft kaum gerecht. Es ist utopisch, darauf zu hoffen, daß man seinen Körper einer außenstehenden Hilfsquelle anvertrauen und sich zurücklehnen kann, während ein anderer ihn repariert. Sie selbst sind der meisterhafte Entwerfer Ihres eigenen physischen Gefährts. Nur durch Ihr Bewußtsein kann Ihr Körper, den Sie selbst so manifestiert haben, verändert werden. Indem Sie Ihren Körper für seine Gesundheit und Vitalität loben, wird er Sie damit belohnen, daß er seine ursprüngliche Kraft zeigt. Es gibt nichts an Ihrem Körper, was sich nicht wieder ins Gleichgewicht bringen ließe, denn dieses Gleichgewicht und die harmonische Zusammenarbeit aller Teile ist seine Bestimmung. Sie können ihm sehr dabei helfen, indem Sie ihn auf intimster Ebene kennenlernen.

Nur wenige Menschen stehen wirklich mit den tiefen Ebenen ihres Körpers in Verbindung. Sind Sie sich zum Beispiel Ihrer Nieren, ihrer Zirbeldrüse oder Ihrer Gallenblase bewußt? Den Körper aus medizinischer oder wissenschaftlicher Sicht zu erfassen, mag Ihnen eine überhöhte Anforderung scheinen, da das Wissen über ihn so überwältigend groß ist. Doch es gibt eine einfache Methode, um zu erfahren, was im eigenen Körper vor sich geht. Man kann ihn abtasten, absuchen, also scannen.

Abtasten, absuchen – scannen

Scannen ist eine Technik, um den Körper auf verschiedenen Wahrnehmungsebenen – und eben nicht nur in Gedankenformen – zu erforschen. Sie erlaubt es uns, den Körper aus energetischer Sicht zu betrachten, und lehrt uns,

eine neue Beziehung zum Körper zu finden, in der er selbst uns zeigen kann, was wir von ihm wissen sollen. Durch Scannen erkennt man, welche Körperteile Stärkung und Liebe brauchen.
Dies ist eine Übung mit jahrhundertealter Tradition.

ÜBUNG

Durch Scannen krankes Gewebe erkennen

- Schließen Sie die Augen und bitten Sie Ihren Körper, vor Ihnen zu erscheinen, als schauten Sie in den Spiegel. Sie wissen, wie Ihr nackter Körper aussieht. Projizieren Sie diesen Körper vor Ihr inneres Auge.
- Stellen Sie sich dann vor, Sie könnten Ihren Körper wie ein Scanner mit einem Licht- oder Elektronenstrahl Stück für Stück abtastend durchleuchten.
- Betrachten Sie ihn langsam von Kopf bis Fuß.
- Beauftragen Sie ihn, Ihnen die Gebiete, welche besonderer Aufmerksamkeit bedürfen, als dunkle Flecken zu zeigen.
- Beschränken Sie sich darauf, die dunklen Flecken wahrzunehmen, und wandern Sie im Geiste mehrmals von den Füßen zum Kopf und wieder zurück.
- Beenden Sie die Übung, wenn Sie meinen, alle dunklen Flecken, die Ihr Körper Ihnen zeigen wollte, gesehen zu haben.
- Bleiben Sie noch eine Weile bei sich und lassen Sie die Übung auf sich wirken.

Vor Jahren lehrte ich die Kinder in meiner Schule die Körper fremder Menschen zu scannen, wie es der berühmte Seher Edgar Cayce getan hatte. Ich forderte sie auf, sich auf den Boden zu legen, die Augen zu schließen und sich den Körper eines Menschen vorzustellen, dessen Namen ich ihnen nannte. Die jüngeren Kinder zappelten meistens herum und schauten aus dem Fenster, so daß ich am Anfang meinte, diese Übung sei zu schwierig für sie. Ich war daher sehr überrascht, als ich sie fragte, was sie gesehen hatten, und sie mir alle die gleichen Stellen im Körper der gescannten Person bezeichneten. Obwohl sie die Namen der Organe nicht kannten, identifizierten sie doch genau den Teil im Körper als dunklen Fleck, der nicht in Ordnung war.
Sie können diese Übung auch machen, um die starken, gesunden Teile Ihres Körpers zu entdecken.

ÜBUNG
Durch Scannen gesundes Gewebe erkennen

- Schließen Sie die Augen und bitten Sie Ihren Körper, vor Ihnen zu erscheinen, als schauten Sie in den Spiegel. Sie wissen, wie Ihr nackter Körper aussieht. Projizieren Sie diesen Körper vor Ihr inneres Auge.
- Stellen Sie sich dann vor, Sie könnten Ihren Körper wie ein Scanner mit einem Licht- oder Elektronenstrahl Stück für Stück abtastend durchleuchten.
- Betrachten Sie ihn langsam von Kopf bis Fuß.
- Beauftragen Sie ihn, Ihnen die gesunden Gebiete als helle Flecken zu zeigen.

- Beschränken Sie sich darauf, die hellen Flekken wahrzunehmen, und wandern Sie im Geiste mehrmals von Ihren Füßen zum Kopf und wieder zurück.
- Beenden Sie die Übung, wenn Sie meinen, alle hellen Flecken, die Ihr Körper Ihnen zeigen wollte, gesehen zu haben.
- Bleiben Sie noch eine Weile bei sich und lassen Sie die Übung auf sich wirken.

Manchmal überraschen einen die auf diesem Wege erhaltenen positiven Informationen. Die Übung ist sehr dazu geeignet, ein negatives Selbstwertgefühl aufzulösen. Es ist so leicht, Ängste um die Gesundheit des Körpers aufzubauen. Um einen ALTERSLOSEN KÖRPER zu erlangen, ist es von größter Bedeutung, sich im eigenen Körper sicher zu fühlen. Wenn Sie sich in ständiger Angst um ihren Körper befinden, wird er schon allein durch die Anspannung, die ihm nicht erlaubt, sich von der Belagerung durch negative Gefühle zu erholen, alt werden.
Indem Sie durch diese Übung Ihre starken Seiten entdekken, werden Sie sich zutiefst getröstet fühlen. Entdecken Sie beim Scannen zum Beispiel, daß Ihre Lungen in bestem Zustand sind, wird Ihre Angst abnehmen, und Sie werden sich ganz und gar entspannen. In der Folge werden Sie unter anderem besser verdauen und deswegen mehr Energie haben. Im entspannten Zustand kann der Körper Nahrung leichter umwandeln.
Je mehr starke Seiten Sie an Ihrem Körper entdecken, um so gesunder, vitaler, altersloser werden Sie sich fühlen. Der ALTERSLOSE KÖRPER ist vor allem ein funktionieren-

der Körper. Sobald Sie erkennen, welche großartigen Dinge er für Sie tut, werden Sie ihm mehr vertrauen und damit Ängste abbauen, welche die hauptsächliche Ursache für Krankheit darstellen. Da der Körper der Umwelt in Form von Sonne, Umweltverschmutzung und Streß ausgesetzt ist, sind Ihre Haut und die übrigen Organe auch von ihr gezeichnet. Doch der Körper ist nicht nur außerordentlich anpassungsfähig, sondern vor allem anderen auf seinen Fortbestand programmiert. Er lernt, tüchtig, ausgleichend und in seinem Energiefluß effizient zu sein. Mit fünfundvierzig Jahren spüren Sie vielleicht eine anhaltende Kraft, die Ihnen besser dient als die kaum kontrollierbaren Energieexplosionen, die Sie in Ihrer Jugend erlebten. In der Reife kann der Körper mit Energie besser umgehen und einen ständigen Energiestrom freisetzen, der Sie durch jede Situation hindurchträgt.

Es fasziniert mich, wie die Effizienz des Körpers mit den Jahren wächst. Nie habe ich diese so deutlich gespürt wie beim Stillen meiner Kinder. Mit jedem weiteren Kind verschwendete mein Körper weniger Milch durch Aufregung oder Überreaktion. Ich hatte immer genug Milch, und jedes neue Baby war genauso wohlgenährt wie sein Vorgänger, ohne daß ich Milch verlor, die meine Kleidung beschmutzt hätte. Der Körper hatte einfach gelernt, das Bedürfnis richtig einzuschätzen und im richtigen Maße Milch zu produzieren.

Das Energieniveau des Körpers ist zweifellos ein wichtiges Kriterium für Alterslosigkeit. In den Anden habe ich Menschen kennengelernt, die um die hundert Jahre alt waren und dennoch jeden Tag den Berg hochsteigen konnten und Kraft genug für all ihre täglichen Aufgaben fanden.

Es lohnt sich zu erforschen, wie der Körper diese phantastische Lebensenergie aufbringt. Um die Quelle dieser Energie zu finden, müssen wir unsere Körper auf neue Weise kennenlernen, auf energetische Weise. Letzten Endes müssen wir das Mysterium des Lebens in seiner wahren Quelle suchen, in der Göttlichkeit.

Die Quelle physischer Kraft

Der Körper nutzt unterschiedliche Arten von Energie. An erster Stelle gibt es eine elektromagnetische Energie, die alle Energiesysteme durchdringt. Ausgelöst durch eine elektrische Ladung senden Synapsen ihre Botenstoffe aus. Ob Sie denken, sich bewegen, schlafen, immer fließen elektrische Ströme durch Sie hindurch, die Ihnen die Energie zuführen, die Sie brauchen. Die Nahrung, die Sie aufnehmen, ist eine Energiequelle, die der Körper assimiliert, indem er die rohen Substanzen in kleinere Partikel aufbricht und sie speichert oder abgibt, je nach Notwendigkeit. Die Luft, die Sie einatmen, versorgt Ihre Zellen mit Sauerstoff, mit Molekülen reiner Energie. Die großartige Biochemie Ihres Körpers erschafft Tausende von enzymatischen und katalytischen Reaktionen, die das Feuer unauslöschbaren Lebens versorgt. Doch was dieses Feuer in Wirklichkeit anfacht, bleibt nach wie vor ein Mysterium.
Wir haben in und um unseren Körper herum ganze Energiesysteme, die uns eine Vorstellung unseres riesigen Energiepotentials vermitteln. Nervenkanäle tragen Handlungsbotschaften vom Hirn in die Muskeln und wieder zurück. Es gibt Meridiane, die eine geheimnisvolle elektrische En-

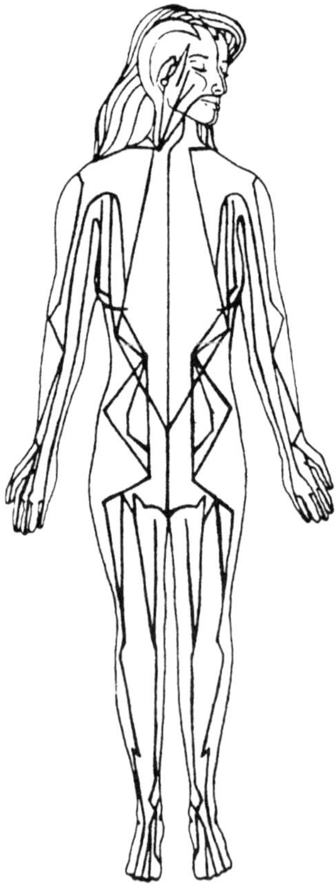

Die Energiemeridiane

ergie übertragen, welche die Chinesen »Ch'i« nennen. Tausende von Jahren, bevor die Wissenschaft der Gegenwart solche Energiekanäle nachweisen konnte, wurden diese Meridiane und ihre Energieknotenpunkte mit atemberaubender Präzision dazu benutzt, den Lebensfluß in und um den Körper herum anzuregen und auszugleichen. Die uralten Heiler des Fernen Ostens kannten diese Technik. Das »Ch'i«, so sagte man, folgt dem Blut, um es mit Lebensenergie zu versorgen, und das Blut dem »Ch'i«, in einem nie endenden Kreislauf von Energieströmen, deren Kraft die Länge und Qualität des Lebens bestimmen.

Die winzigen Energieknotenpunkte auf den Meridianen können durch Nadeln angeregt werden, die Energien zu verringern, zu vergrößern oder auszugleichen. Dieses System nennen wir Akupunktur. Je mehr wir die großen Gesetze der energetischen Zusammenhänge studieren, umso wertvoller wird dieses chinesische System. Die Punkte auf den Meridianen werden

durch große Energiezentren sich schnell drehenden Lichtes genährt, die wir Chakras nennen.
Die Chakras sind Wirbel hochgeladener Energie, die den Körper an der Quelle nähren. Sie bilden ein zusammenhängendes Feld von schnell wirbelnder Energie, die durch den Körper und um den Körper herum strömt. Bei diesem Feld handelt es sich um das berühmte »aurische Feld«, das im Altertum schon bekannt war und das jetzt von der Wissenschaft mit Hilfe von höchst empfindlichen Instrumenten wiederentdeckt wurde. Das aurische Feld oder die Aura strahlt die Energie der Chakras aus dem Körper aus und drückt so die Qualität der Lebenskraft in jedem von uns aus. Am bekanntesten sind inzwischen die sieben Hauptchakras, die von der Basis des Rumpfes bis zum Kopf aufsteigen. Neben ihnen existieren aber auch viele kleinere Energieknotenpunkte in den Extremitäten,

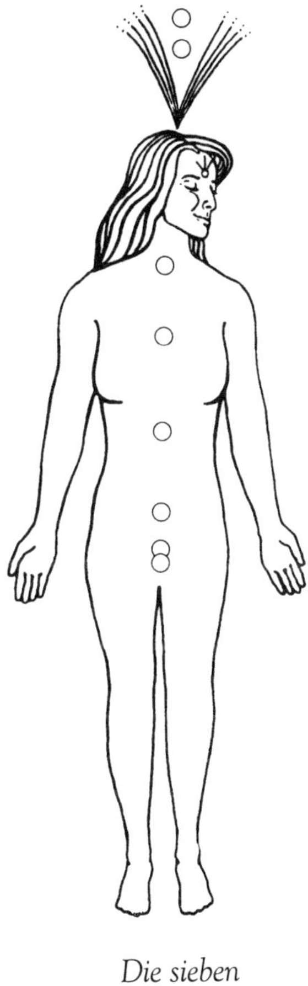

Die sieben Hauptchakras des Körpers

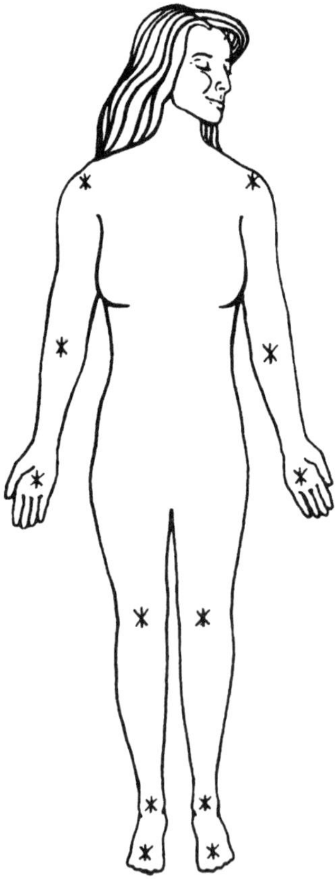

Die Energieknotenpunkte der Extremitäten

wie zum Beispiel in Schultern, Ellenbogen, Knien, Handgelenken, Knöcheln, Füßen und Händen. Weitere zwei befinden sich oberhalb des Kopfes. Die Hauptchakras bringen das Drüsensystem in Gang, welches als Schwelle zwischen den subtilen energetischen Kräften und denen, die wir als dem Körper zugehörig erkennen, gilt.

Viele der Übungen in diesem Buch sollen die Energie der Chakras anregen und vergrößern. In allen Zeitaltern gab es Menschen, die ihren Körper auf diese Weise gemeistert haben. Sie waren sich dieser wirbelnden Energiezentren bewußt und erkannten, wie sie sie stärken und ausgleichen konnten. Sie und ich, wir können das gleiche erreichen und den unglaublichen Zuwachs an Energie erfahren, der stattfindet, wenn die Chakras offen sind und strahlen.

Normalerweise nimmt die Energie des Menschen ab, wenn er älter wird, denn das einst kraftvolle Energiefeld ist nun voller emotionalem und physischem Abfall. Organe und Gelenke werden durch Kristalle aus lebloser Materie, durch mineralische und emotionale Ablagerungen belastet. Dies behindert sowohl die Gliedmaßen wie auch den Geist!

Alle Systeme, die sich im Körper befinden, werden in diesen Energiefeldern reflektiert. Wenn eines aus dem Gleichgewicht gerät, werden auch die anderen entsprechende Schwächen oder mangelnde Funktionsfähigkeit erfahren. Gerade weil alle Systeme des Körpers zusammenhängen, lernt man so viel, wenn man ihn scannt. Und man fühlt die wichtigen Wandlungen, die stattfinden, wenn man sich auf irgendeinen Teil des Energiefeldes konzentriert.

Könnten Sie die miteinander verbundenen Systeme Ihres Körpers sehen, so würden Sie erkennen, daß jeder Wandel auf einer Ebene auch auf anderen Ebenen Dinge verändert. So hat zum Beispiel der Ausdruck Ihres Körpers in äußerer, physischer oder muskulärer Hinsicht tatsächlich eine Wirkung auf die inneren Organe. Die Beziehung zwischen den inneren Organen und dem äußeren Körper ist wie ein Tanz. Wenn die Herzmuskulatur schwach ist, kann man davon ausgehen, daß die anderen Muskeln auch nicht besonders stark sind, denn das Herz nährt die Muskeln. Drehen sich also die Chakras nur langsam und ungleichmäßig, so sind die Drüsen unfähig, jene Organe zu beleben, die die Funktionen des Körpers kontrollieren.

Um die Chakras, Meridiane, das aurische Feld oder sogar die inneren Organe ins Gleichgewicht zu bringen, muß man kein besonderes Talent besitzen. Man muß nur dazu bereit sein, dem Körper zuzuhören und ihn kennenzulernen, so wie er ist. Man muß lernen, den Körper so zu regieren, daß er mit zeitunabhängigen universellen Energien handelt,

mit denen er in jedem Augenblick in Verbindung steht. Es ist ein wundervolles Abenteuer, mitzuerleben, wie ein Wandel der Körperenergie an der eigenen Quelle Wirkungen zeigt. Irgendetwas leitet diese Energie in den Körper. Ein göttlicher Funke bringt sie auf den Weg. Er überläßt sie nicht dem Alter oder dem Tod, sondern begleitet sie durch alle großen Lektionen ihres Lebens, bis die ewige Seelenuhr sie heimruft. Das Leben kann mühselig sein, wenn wir vergessen, daß wir selbst der Autor seines Drehbuches sind, daß wir selbst das Grundmuster zu allem geschaffen haben, zu allen Erfahrungen, die für das Wachstum unserer Seele notwendig sind. Diese Lernerfahrungen müssen uns nicht durch minerale oder emotionale Ablagerungen belasten, wenn wir nur bewußt miterleben, was wir gerade tun und warum. Nur weil wir unbewußt sind, werden wir so schwer mit Negativität beladen oder mit all den verschiedenen Giften, denen unser Körper nicht widerstehen kann.
Selten wird man einem wahrhaft glücklichen Menschen begegnen, der krank ist, oder gar jemanden frühzeitig altern sehen, der seinen Körper richtig nährt. Das ist leicht zu erklären. Bedingungslose Liebe und Geduld, die Lektionen, die durch Krankheit zu lernen sind, zählt eine solche Person bereits zu ihren Eigenschaften. Ein Körper, der von seinem Besitzer für das Geschenk des Lebens genährt und geliebt wird, verrät ihn nicht. Man sollte jedoch Krankheit nie als Strafe oder Schwäche ansehen. Der Körper gibt uns mit ihr eine tiefe Lehre, die wir auf andere Weise wohl nicht lernen könnten. Ich selbst habe nur aus den schlimmen Krankheiten, die ich durchstehen mußte, große Wahrheiten über mich selbst und meinen Körper gelernt. Eine der wichtigsten dieser Wahrheiten ist, daß alles verändert werden kann.

Wenn Sie in reiferen Jahren beginnen, die Last Ihres Lebens zu spüren, könnten Sie dies möglicherweise als so niederdrückend empfinden, daß Sie meinen, sich nicht mehr nach dem Erfolg strecken zu können. Indem Sie sich jedoch daran gewöhnen, Ihren Körper mit einer solchen Ausrede lahmzulegen, wird er diese Ausrede auch tatsächlich in der Wirklichkeit manifestieren. Das Nachlassen Ihres Lebenswillens trübt den vitalen Glanz Ihrer Augen und bremst den Schwung Ihrer Schritte. Sie können diesen Lebenswillen wiedererlangen, indem Sie Ihr momentanes Leben als einen Durchgang ansehen. Wenn Sie Ihren Körper in seiner Alterslosigkeit entdecken, wird die ständig tickende Lebensuhr aufhören, Sie zu beunruhigen. Sie werden die Gnade erlangen, die Gaben des Lebens in einer nie endenden Gegenwart zu erleben. Sie können mit dem Licht und der Energie, die Sie eigentlich sind, in Verbindung treten und sie in Bewegung setzen, um Ihren physischen Körper zu entwerfen und zu beeinflussen. Sie können Ihre Vitalität und Ausstrahlung verbessern, indem Sie entdecken, wie Sie mit der Lebenskraft umgehen können. So lernt der Körper, auf subtile und dennoch machtvollere Energien zu hören.

KAPITEL 2:

Verbindung aufnehmen mit dem ALTERSLOSEN KÖRPER

Die Verbindung mit Ihrem Körper wird zu einer solch feinen und machtvollen Kunst, daß Sie das Reich in sich selbst betreten, in dem Sie und Ihr Körper sich auf köstliche Weise vereinigen.

Wenn Ihr Körper durch seine Energie und Liebe zu Ihnen spricht, beginnt eine wirkliche Vereinigung, die Sie mit etwas Heiligem in Verbindung bringt. Ihr Körper ist Ihr bester Freund: Ein Freund, der jenseits aller Urteile steht, der bereit ist, alles für Sie zu tun. Dies macht es für jeden von uns möglich, den heiligen Lebenspuls zu spüren. Sobald Sie lernen, mit Ihrem Körper in Verbindung zu sein, wird viel von der Einsamkeit und dem Gefühl der Trennung aus Ihrem Leben verschwinden. Ihr Körper ist von Anfang an bei Ihnen gewesen. Er kann Sie an Freuden und Ereignisse erinnern, die Sie schon längst vergessen hatten. Die Hingabe Ihres Körpers wird Ihnen helfen, jeden Berg zu erklimmen, in die Nacht hineinzutanzen oder auch einfach in dem Bewußtsein zu ruhen, daß Sie Ihr eigenes tiefstes Selbst entdecken.

Wollen Sie Ihre Berufung, ohne Alter zu sein, erfüllen, dann sollten Sie lernen, mit Ihrem Körper zu scherzen, mit ihm zu spielen und sich richtig mit ihm anzufreunden. Damit das Wunder der Alterslosigkeit eintritt, muß bewußte, Blockaden auflösende Energie in frei fließendem Austausch wirken. Dann erst verjüngt sich der Körper, so wie er gedacht ist. Er wird Ihren Wünschen Folge leisten, wenn Sie eine vertrauensvolle Beziehung zu ihm aufbauen. Sie werden dann kein körperliches Ungleichgewicht fürchten müssen, das Sie krank macht. Der Körper wird für Sie arbeiten.

Wir haben alle viel zu viel Angst vor unserem Körper. Wir behandeln ihn, als sei er ein fremder Ratgeber, dessen Sprache wir nicht verstehen. Nicht nur müssen wir diese Angst überwinden lernen, wir müssen auch lernen, wie wir mit unserem Körper in Verbindung treten, um ihn zu regieren. Statt dem Körper zu vertrauen, fürchten wir uns davor, daß er uns verraten könnte, und fragen lieber professionelle Außenstehende, damit sie uns über die Vorgänge in unserem Körper aufklären. Dabei ist bei näherer Betrachtung für jeden einsehbar, daß wir unmöglich von der Ursache irgendeines Unwohlbefindens in uns getrennt sein können. Wir selbst leben in den Grenzen und Beschränkungen unseres Körpers und sind in alles eingeweiht, was in ihm und um ihn herum geschieht. Ein Außenstehender, sei er ein noch so guter Spezialist, kann dies niemals leisten.

Zu irgendeinem Zeitpunkt aber ist unsere natürliche Fähigkeit, mit unserem Körper zu kommunizieren, verlorengegangen. Wir haben uns auf die Qualitäten des Verstandes, auf den Kopf zurückgezogen und die ursprüngliche Sprache des Körpers verlernt, die eine so maßgebliche Voraussetzung für eine gesunde Lebensführung ist. Wir haben uns

von unserem Körper abgeschirmt. Wir fürchten uns selbst und sind uns fremd. Furcht aber öffnet das Tor zur Zerstörung. Angst ist die einzige Krankheit. Angst tötet!
In meiner Familie haben wir es uns zur Regel gemacht, nicht länger als vierundzwanzig Stunden krank zu sein. Fühlt sich ein Kind krank, dann reden wir mit seinem Körper, um herauszufinden, was er uns mitzuteilen versucht und was er braucht. Haben wir seine Bedürfnisse erkannt, bemühen wir uns, ihm zu geben, was er benötigt. Mit den ersten Krankheitssymptomen lassen wir alle äußere Aktivität ruhen und richten all unsere Aufmerksamkeit voll auf das, was der Körper des Betreffenden braucht: Die Schule fällt aus, Arbeiten werden liegengelassen und Verabredungen werden abgesagt. Manchmal brauchte das kranke Kind eine Heilfarbe, bestimmte Nahrungsmittel, andere Substanzen oder auch eine bestimmte emotionale Fürsorge. Ich war immer erstaunt, wenn bei meinen Kindern ein rauher Hals, Fieber oder ein anderes beunruhigendes Symptom gehorsamst innerhalb der vorgeschriebenen Zeit verschwand. Ich habe gelernt, daß vor allem jungen Menschen Kranksein nicht halb so angenehm ist wie Gesundsein. Unterstützt man sie darin, dann werden sie zu guten Beschützern ihres Körpers.
Es scheint schwieriger zu sein, mit dem Körper auf humorvolle oder spielerische Weise umzugehen, wenn wir älter werden. Wir meinen, förmlicher sein zu müssen, um unsere Autorität zu unterstreichen. Den Körper interessiert jedoch nur eine ganz klare Kommunikation, und er wird Sie deshalb nicht weniger respektieren, wenn Sie ein bißchen fröhlicher mit ihm umgehen. Rufen Sie sich ins Gedächtnis, wie Sie als Kind Ihren Körper erfahren haben. Sie heil-

ten damals viel schneller. Nicht etwa nur, weil Kinder sich im allgemeinen schneller erholen als Erwachsene, sondern weil Sie einen anderen Zeitsinn hatten und weil Sie die Gesetze der Wahrscheinlichkeit, welche die Freiheit des Bewußtseins einschränken, noch nicht kannten.
Auch heute noch könnten Ihnen Heilungsprozesse schneller gelingen, könnten Sie spielerisch Ihre Ziele erreichen. Sie mögen andere Ziele haben oder auch die gleichen. Vielleicht möchten Sie zehn Kilometer laufen können oder fünf Pfund abnehmen. Schenken Sie Ihrem Körper dasselbe leidenschaftliche Vertrauen wie damals, und Sie werden die gleichen Ergebnisse erhalten.
Sie müssen sich mit Ihrem Körper so einlassen, als wäre er eine wirkliche Person. Ermutigen Sie ihn, lieben Sie ihn und erzählen Sie ihm, was Sie brauchen. Sprechen Sie jemals mit sich selbst im Spiegel? Umarmen Sie sich selbst manchmal aus reiner Freude? Versuchen Sie es mit der Sprache der fünf Sinne, die Ihr Körper so liebt: berühren, sehen, hören, riechen und schmecken – das sind alles elementare und wunderbare Arten, ihrem Körper Freude zu bereiten und mit ihm eine Beziehung aufzunehmen. Sie sind Teil eines Sprachsystems, das Ihr Körper aufgestellt hat. Er besitzt die entsprechenden Sinnesorgane, um jede Wahrnehmung zu kanalisieren und einzuordnen. Durch Ihre fünf Sinne – und auch durch den sechsten Sinn – können Sie im Körper deutlich Veränderungen wahrnehmen, die Ihnen große Freude bereiten und Ihnen wesentliche Information über den inneren und äußeren Raum schenken werden.
In Wahrheit hat der Mensch mehr als siebzig Sinne, mit denen er wahrnimmt und kommuniziert. Es gibt allein fünf

Sinne der Ausstrahlung. In der NIZHONI SCHULE lehre ich den Umgang mit allen Sinnen. Die Schüler lernen, Ausstrahlungen und andere subtile Energien, die mit dem Körper zu tun haben, wahrzunehmen. Indem Sie diese siebzig Sinne entdecken, erlangen Sie eine neue Oktave des Bewußtseins. Die alterslose Realität beginnt, sich in einem Meer kreativer Wahrnehmung zu bewegen.

Die Sprache der Berührung

Ihr Körper ist jeder Berührung gegenüber außerordentlich empfindlich. Berührung ist eines der ersten Zeichen, daß man geliebt und beschützt wird. Es ist ein Gefühl auf der physischen Ebene. Obwohl Sie als Säugling und Kind Berührung durch einen anderen Menschen empfingen, sollten Sie wissen, daß für Ihren Emotionalkörper das Wissen, daß Sie selbst nun Ihr Bedürfnis nach Sicherheit erfüllen können, ein großes Geschenk wäre. Sie müssen nicht warten, bis jemand anders Sie berührt, um die Freude dieser Erfahrung zu spüren. Sie selbst können sich genauso gut streicheln. Vielleicht mag es Ihr Körper sogar lieber, wenn Sie ihn selbst berühren, denn Sie wissen selbst am besten, mit wieviel Druck oder mit welcher Geschwindigkeit. Großartig ist auch, daß Sie gleichzeitig die Berührung geben und empfangen.

Viele Menschen sind zu gehemmt, um sich selbst zu berühren. Als ob Sinnlichkeit unweigerlich mit Sexualität verbunden wäre und deshalb von jemand anderem erledigt werden müsse. Zweifellos hat man auch Ihnen als kleines Kind verboten, sich selbst zu streicheln. Eine Welt, in der Zuneigung und Zärtlichkeit nur von außen erlaubt ist, hat eine Gesellschaft von ängstlichen und einsamen Menschen geschaffen, die, auf sich selbst zurückgeworfen, völlig hilflos sind. Geben Sie jedoch Ihrem natürlichen Bedürfnis nach, Ihren Körper selbst zu berühren, sei es aus Vergnügen oder um einen Schmerz zu lindern, so wird der Körper Ihre Berührung als Botschaft Ihrer Fürsorge und als einen Befehl, den Schmerz zu beseitigen, ansehen. Nur zu, tun Sie es!

Die Sprache des Sehens

Sie ist die Kommunikationsform, die wir in Verbindung mit unserem Körper am meisten nutzen, denn mit dem Auge meinen wir, die Realität zu sehen. Wir vertrauen und verlassen uns auf unsere visuelle Fähigkeit, um uns durchs Leben zu führen. Aber wir betrachten uns auch im Spiegel und werden uns unseres Alters gewahr. Es behindert uns in unserem Streben nach Alterslosigkeit, denn wir beurteilen das Alter nach der schon gelebten Zeit. Wenn Sie sehen, daß Ihre Falten tiefer werden oder Ihr Haar ergraut, fürchten Sie höchstwahrscheinlich, daß das Alter und all seine Begleiterscheinungen von Ihnen Besitz ergreifen könnten. Doch der Spiegel zeigt Ihnen nur die ziemlich festgelegten Äußerlichkeiten Ihres Wesens. Er zeigt Ihnen nicht den wachsenden Ausdruck der Ruhe und Gelassenheit in Ihren Augen, noch innere, weniger extrovertierte Freude oder das stetige Wachstum Ihrer Lebensweisheit.
Geben Sie sich nicht mit dem zufrieden, was der Spiegel Ihnen auf den ersten Blick an Äußerlichkeiten über Ihren

Körper mitteilt. Haben Sie morgens Ringe unter den Augen, dann sollten Sie herausfinden, ob Sie zu wenig oder zu viel schlafen oder ob Sie vielleicht zu viel Kaffee trinken. Die dunklen Halbmonde unter den Augen werden oft von zu großem Kaffeegenuß verursacht. Ihr Körper teilt Ihnen die jeweilige Ursache genau mit, und Sie müssen ihn lediglich um Bestätigung bitten.

ÜBUNG

Die Ursachen für unliebsame Veränderungen erkennen

- Zur besseren Veranschaulichung lassen Sie uns bei dem Beispiel mit den Augenringen bleiben.
- Beunruhigen Sie die im Spiegel gesehenen Veränderungen Ihrer Augenpartie, dann setzen Sie sich still hin und kommen durch einige bewußte Atemzüge zur Ruhe.
- Überlegen Sie sich, welches die möglichen Ursachen sein könnten.
- Schlagen Sie dann Ihrem Körper alle von Ihnen gefundenen Möglichkeiten vor.
- Fragen Sie ihn beispielsweise: »Möchtest du, daß ich dir mehr Zeit zum Schlafen gebe?« oder: »Willst du, daß ich meinen Kaffeekonsum reduziere?« oder: »Wünschst du dir, daß ich mich von meiner Arbeit nicht mehr so überfordern lasse?«
- Ihr Körper wird Ihnen, da Sie seine Botschaft ernst nehmen und sich ihm zuwenden, auf je-

den Fall eine Antwort geben. Sie kann in Form eines Gefühls aber auch in Worten erfolgen.

Suchen Sie nicht nach dem Negativen, suchen Sie nach dem Positiven! Stellen Sie sich vor, wie sie aussehen wollen. Vielleicht finden Sie sich dick. Suchen Sie nicht nach dem Fett, als ob Ihr Spiegelbild eine unveränderliche Photographie sei. Achten Sie viel mehr darauf, wie Sie sich bewegen und um wieviel besser Sie aussehen, wenn Sie sich als fließender, lebendiger Mensch betrachten. Gewicht sieht in der Bewegung ganz anders aus. Es ist dann viel mehr Teil Ihrer selbst und nicht etwas, das Sie im Überfluß mit sich herumtragen. Die Art Ihrer Bewegung macht Sie alterslos. Ich habe rundliche Menschen gesehen, die sich wie Tänzer bewegen und so fließend sind, daß sie trotz Übergewicht jugendliche Eleganz ausstrahlen. Und ich habe auch viele sehr dünne Menschen gesehen, die ich für viel älter hielt, weil ihre Körper zu schwer für sie schienen.

Die Sprache des Klanges

Auch der Klang ermöglicht es uns, mit unserem Körper zu sprechen. Wenn Sie einer bestimmten Musik oder einer Melodie zuhören, die Sie mögen, haben Sie Gelegenheit, Ihrem Körper auf der Vibrationsebene etwas von sich selbst zu erzählen. Der Körper wird sich durch die Schwingungen der Musik in Sie einstimmen. Deshalb ist Klang oder Musik eines der mächtigsten Instrumente, um den Körper auszugleichen und ihn zu heilen.

Klang kann aber auch zerstörerische Energien haben, wenn

er zu Krach und Lärm wird. Sie sollten also die Geräusche um sich herum bewußt wahrnehmen und beobachten, wie sie sich auf Ihre Stimmung auswirken. Feindliche Klänge, die nicht parallel zu Ihrer eigenen Vibration schwingen, können, da sie Streß erzeugen, den Zerfall Ihrer Zellen beschleunigen. Dies gilt für ein fünfjähriges Kind ebenso wie für einen fünfzigjährigen Erwachsenen.

Man sagt, daß die Vorliebe für bestimmte Arten von Musik den Abgrund zwischen den Generationen vergrößert. Die Lautstärke, die Teenager als angenehm empfinden und Erwachsenen oft unerträglich erscheint, hängt wohl direkt mit der hohen Tonlage ihrer machtvoll pulsierenden Zellen zusammen. Den Zellen älterer Menschen ist die gleiche hohe Tonlage zweifellos zuviel.

Oft sind es doch gerade die leisen Vibrationen, die den natürlichen Rhythmus des Körpers am meisten durcheinanderbringen können. Das Summen von Ventilatoren, von Computern und anderen Maschinen kann den Körper völlig aus seinem Pulsschlag herauswerfen. Das Schlimmste an diesen »weißen« Klängen ist, daß sich das Ohr an sie gewöhnt und man sie kaum noch bewußt hört. Wann immer Sie in einen Raum kommen, wo Sie einen Teil Ihrer Zeit verbringen werden, ist es wichtig, innezuhalten und sich die Klänge in diesem Raum anzuhören. Fragen Sie Ihren Körper, ob es Geräusche gibt, die ihn beeinträchtigen. Wenn ja, verlangen Sie von ihm, sich von ihnen nicht stören zu lassen: »Mein Körper wird sich weder auf diese Geräusche konzentrieren noch durch sie gestört sein.« Es wird Sie erstaunen, wie wirkungsvoll Sie und Ihr Körper zusammenarbeiten können, um das Streßniveau, das Energien aus der Umwelt verursachen, zu senken.

Verwenden Sie Klänge, um Ihrem Körper Energie zuzuführen oder ihn zu entspannen. Es gibt heutzutage einen großen Reichtum von Klängen auf Kassetten oder CDs, die man wählen kann, um den Körper einzustimmen. Es gibt Klänge der Natur – das Rauschen eines Waldes oder von Wellen oder das gleichmäßige Plätschern von Regen –, Klänge mit höheren Vibrationen – die Stimmen der Delphine und Wale, von Glocken und Klangschalen. Für das Kind, das sich im Mutterleib entwickelt, und das neugeborene Baby ist natürlich der Herzschlag am wichtigsten.

Die Sprache des Geruchs

Der Geruchssinn läßt Sie Ihre Aufmerksamkeit auf die Umwelt richten. Es gibt unzählig viele verschiedene Gerüche, die Sie an Dinge oder Erfahrungen in Ihrem Leben erinnern. Sie kennzeichnen Ihre Liebhaber, Orte, an denen Sie gewesen sind, oder Ihre Gesundheit. Der Geruchssinn gibt Ihnen wichtige Hinweise über die Menschen, mit denen Sie umgehen. Durch ihn können Sie erfahren, ob jemand sich wohl fühlt oder Angst hat, ob jemand zu Sexualität oder Freundschaft bereit ist.
Obwohl Sie sich Ihrer eigenen körperlichen Gerüche sicherlich auf intimste Weise bewußt sind, haben Sie vielleicht noch nie darüber nachgedacht, was der Körper Ihnen damit sagen möchte. Es wäre sehr sinnvoll, wenn Sie die Gerüche Ihres Körpers im Zusammenhang mit seinen Funktionen betrachten würden. Riechen Sie sich selbst und beobachten Sie, welche Art von Gerüchen Sie am Morgen und welche Sie am Abend, wenn Sie ins Bett ge-

hen, aussenden. Können Sie die Umweltverschmutzung, die in Ihren Haaren und in Ihrer Kleidung steckt, riechen? Stellen Sie fest, ob Ihre Achseln auf einer Seite stärker riechen als auf der anderen. Das würde bedeuten, daß bei Ihnen Yin und Yang im Ungleichgewicht sind. Riecht die rechte Achsel stärker, dann würde ich Ihnen empfehlen, Ihre Leber, die eines der wichtigsten Entgiftungsorgane darstellt, zu stärken. Sie können sich zu diesem Zweck des folgenden Rezeptes bedienen.

REZEPT

Die Leber durchspülen

- 1 Eßlöffel kalt gepreßtes Olivenöl
- Saft 1 Zitrone
- 1 Prise Cayennepfeffer
- Mischen Sie die Zutaten und trinken Sie dieses Gemisch gleich nach dem Aufwachen.

Die Gallenblase wird davon in Gang gesetzt, was wiederum zur Spülung der Leber führt. Spüren Sie keine Wirkung, dann können Sie einfach frühstücken. Doch normalerweise wird diese Spülung zur Darmentleerung führen. Tritt Übelkeit auf, so fügen Sie das nächste Mal etwas Apfelsaft oder Wasser hinzu, um die Mischung zu verdünnen. Legen Sie sich fünf Minuten hin, bevor Sie Ihrem weiteren Tagesablauf folgen. Ist die Mischung immer noch zu stark, so halbieren Sie die Menge. Fragen Sie Ihren Körper, wie oft Sie diese Spülung machen sollen. Sie wird Ihren Körpergeruch und vor allem auch Ihren Atem verändern.
Der Geruch Ihres Atems ist ein hervorragender Hinweis auf Ihre allgemeine Gesundheit und Vitalität. Früher teste-

ten die chinesischen Ärzte den Geruch des Bauchnabels und des Atems, um die Diagnose des Patienten zu stellen. Wenn der Magen nicht richtig arbeitet, wird der Geruch des Verdauungsprozesses bis in den Mund aufsteigen. Mundspülungen allein beseitigen den schlechten Atem nicht. Sie müssen Ihre Ernährung und Ihre Verdauung verbessern. Ich kann einen Fleischesser aufgrund seines strengen Geruchs durch einen ganzen Raum hin riechen, und ich bin sicher, daß dies für wilde Tiere eine furchterregende Ausdünstung ist, die sie leicht entdecken.

Prüfen Sie, ob Ihr Körper schal riecht. Dies ist das deutliche Zeichen eines alternden Körpers. Erst wenn wieder frische Energie durch Ihren Körper fließt, werden Sie den einzigartigen, vibrierenden Duft des Lebens ausströmen. Wollen Sie den Geruch Ihres Körpers ändern, weil Sie ihn nicht mögen, so sollten Sie dies von innen heraus tun, indem Sie Ihre täglichen Gewohnheiten umstellen. Durch Körper- und Atemübungen, auch durch eine neue Ernährungsweise, werden Sie sehr bald ein zufriedenstellendes Ergebnis erzielen.

Es gibt Menschen, die keinen sehr ausgeprägten Geruchssinn haben. Dies ist ein Nebeneffekt der Unfähigkeit eines alternden Körpers, Vitamine der B-Gruppe aufzunehmen. Ihr emotionaler Zustand, Ihre Ernährung und erbliche Faktoren tragen ebenfalls zur Geruchsfähigkeit bei. Die Schleimhaut der Nase wird mindestens alle dreißig Tage ersetzt. Also beginnen Sie ruhig, Ihre Aufmerksamkeit auf diesen großartigen Sinn zu lenken, der unsere Freude erhöhen kann. Nehmen Sie Ihren Körper auf eine »Riechtour« mit. Sie können das Vergnügen des Körpers erhöhen, indem Sie Gerüche finden, die Sie erfreuen, sei es durch

frisch geschnittenes Gras, ein Parfüm, das Meer oder einen Strauß Rosen. Die meisten Menschen haben ein fast unerschöpfliches Repertoire an Gerüchen, die ihnen etwas bedeuten.
Ein empfindlicher, intuitiver Geruchssinn hat mir in meinem Leben sehr geholfen. Als ich in Bolivien im Gefängnis arbeitete, nannten mich die Gefangenen liebevoll »die Nase«, denn ich konnte aufgrund ihres Geruches fast immer sagen, was sie wann getan hatten. Wie der sprichwörtliche Spürhund wußte ich, welche Drogen sie wann genommen hatten.
Während der Reinkarnationssitzungen, die wir im LIGHT INSTITUTE abhalten, war ich mehr als einmal darüber erstaunt, daß die Teilnehmer bestimmte Szenen nicht nur in Farbe beschrieben, sondern sogar die Gerüche, die sie mit der Episode ihrer Schilderung verbanden, im Raum entstehen lassen konnten. Es geschah, daß Sekunden bevor jemand ein Krankenhaus beschrieb, das Zimmer danach roch. Oder ich nahm den moschusartigen Geruch eines feuchten Waldes wahr, das Parfüm eines französischen Wohnzimmers oder den nicht zu verwechselnden Geruch der Angst, der verrät, was sonst möglicherweise verheimlicht würde. All dies unterstützt den Körper darin, sich uns in seiner Wirklichkeit mitzuteilen. Wenn wir ein vergangenes Leben betrachten, um seine Grundthemen zu entziffern und es zu klären, ist es unbedingt nötig, alle zurückgebliebenen Geruchsabfälle aus dem Gedächtnis zu beseitigen. Wenn Sie nämlich sonst einen bestimmten Geruch wieder riechen, wird der Emotionalkörper ihn dazu benutzen, die damals damit in Zusammenhang gestandenen Gefühle ebenfalls zu reproduzieren.

Ich liebe es, mich Düften hinzugeben. Wenn ich Aufmunterung brauche, gehe ich ins Treibhaus und suche, bis ich die Pflanze finde, die meiner Nase Freude macht. Immer komme ich dabei verjüngt und erfrischt zurück, bereit für die nächste Runde. Obwohl der Grund für die Anziehungskraft eines speziellen Duftes in der Vergangenheit liegen mag, kann man einen Duft trotzdem dazu benutzen, den Körper anzuregen, und ihm damit Motivation für die Zukunft geben. Der Geruch der Jahreszeiten erinnert einen daran, daß das Leben weitergeht und daß jeder Zeitabschnitt, Tag oder Nacht, Frühling oder Herbst, eine gewohnte Struktur bietet, auf der man Tausende von neuen und wunderbaren Variationen des zeitlosen Bewußtseins gründen kann.

Die Sprache des Schmeckens

Der Geschmackssinn hängt eng mit dem Geruch zusammen. Sie werden beobachtet haben, wie das Wasser im Mund zusammenläuft, wenn man ein gutes Essen riecht. Die Geschmacksknospen auf Ihrer Zunge helfen, eine Assoziation zwischen einem bekannten Duft und seinem Geschmack herzustellen. Sie können zwischen süß und sauer, salzig und bitter unterscheiden. Die Nerven, die den süßen Geschmack erkennen, befinden sich auf der Zungenspitze und schenken die erste Freude. Die Geschmacksnerven für salzig und sauer befinden sich an den Seiten der Zunge, und die für bitter ganz hinten. Wenn der Magen etwas aus dem Lot geraten ist, werden Sie gelegentlich einen metallischen oder bitteren Geschmack hinten am Hals verspüren. Manchmal werden Sie auf die eine oder andere Geschmacksrichtung besonders Lust haben. Dies ist eine Gelegenheit, um eine Botschaft, die Ihr Körper Ihnen sendet, zu empfangen.

Sehnen Sie sich nach etwas Süßem, dann signalisiert Ihnen Ihr Körper, daß er schnell Energie braucht, denn alles, was – natürlich – süß ist, hat Zucker oder irgendein Kohlehydrat, das der Körper schnell in Energie verwandeln kann. Vielleicht erinnert sich die Zunge auch an die süße, konzentrierte Milch aus der Mutterbrust oder sogar an die chemische Süße künstlicher Babymilch. Dieses »Erinnern« aktiviert möglicherweise den Emotionalkörper, der Süße bestimmte emotionale Erfahrungen gleichgesetzt hat. In der chinesischen Medizin repräsentiert die Zunge das Herz. Und deswegen kann die Zunge ihrem Besitzer oft einen Streich spielen. Den Kindern sage ich daher: »Eßt nicht für eure Zunge, sondern für euren Körper.«

Innerhalb des Mutterleibes schmeckt man sicherlich als erstes das salzige Fruchtwasser. In der Ultraschalldiagnose hat man gesehen, wie kleine Fötuse im Mutterleib am Daumen lutschen. Vielleicht sind einige von uns deshalb so besessen davon, Salziges zu essen. Obwohl es die Arterien verhärtet und alle möglichen Ungleichgewichte herstellt, bestehen wir darauf, viel zu große Mengen von Salz zu uns zu nehmen. Das Blut in unseren Venen ist salzig und hat, wie ich entdeckte, eine ähnliche Zusammensetzung wie Meereswasser. Meiner eigenen Theorie nach haben wir Erinnerungen an unseren vorzeitlichen Ursprung aus dem Meer, die an unserem innersten Wesen ziehen und in uns die Sehnsucht aufbauen, wieder an unsere Quelle zurückzukehren, indem wir ihre Essenz zu uns nehmen. Salz hat eine starke Yang-Energie, und die Befriedigung unseres Verlangens danach baut eine antreibende Kraft in uns auf. Einmal damit begonnen, ist es sehr schwer, das geöffnete Paket Salzstangen oder Chips beiseite zu legen, bevor es geleert ist, obwohl unser Wunsch nach Essen schon lange erfüllt ist.

Das Verlangen nach sauren und bitteren Geschmacksrichtungen ist ein Hilferuf des Verdauungssystems. Beides verursacht einen starken Speichelfluß und regt auch andere Verdauungssäfte an. Saures und Bitteres haben astringierende Wirkung und halten die Verdauungssäfte dazu an, ihre Arbeit zu tun. Man sagt, ein Körper ist so jung wie sein Verdauungssystem stark ist. Logischerweise muß ein Körper dazu in der Lage sein, Nahrungsmittel zu verdauen und zu absorbieren, um einen normalen Gesundheitszustand zu erhalten. In vielen Ländern sind bittere und saure Substanzen ein Teil der täglichen, wenn nicht sogar durch die Jahreszeiten bedingten präventiven, die Gesundheit erhaltenden Eßgewohnheit. Weil viele Dinge, die bitter schmecken, giftig sind, wacht der Körper sofort auf, wenn auch nur eine kleine Menge eines solchen Stoffes eingenommen wird. Auch der saure Geschmack verursacht eine wache und lebhafte Reaktion. Erinnern Sie sich nur daran, wie sich der Saft einer Zitrone in Ihrem Mund anfühlte.

Sowohl durch den Geschmackssinn wie auch durch die Art, wie sich Nahrungsmittel im Mund anfühlen, erfährt der Körper großes Vergnügen. Unsere Vorliebe liegt jedoch mehr bei den geschmacklichen als den äußeren Eigenschaften der Nahrung.

Die Geschmackssensibilität nimmt oft mit dem Alter ab. Dies ist nicht unbedingt auf eine Abnahme der Geschmacksknospen auf der Zunge zurückzuführen, sondern eher darauf, daß Sie sich nicht mehr so sehr für die Freude des Essens interessieren. Alle Körpersinne müssen trainiert, verfeinert und geübt werden, damit sie hellwach und interessiert bleiben. Ihr Körper braucht dazu Ihre Anleitung. Sie müssen ihm immerfort neue Reize bieten.

Der sechste Sinn

Der sechste Sinn als die geistige Eigenschaft subtiler Vereinigung ist das Thema dieses Buches. Sie können präzises und detailliertes Wissen über Ihren Körper erlangen, indem Sie über ihn meditieren und ihm einfach erlauben, Ihnen seinen Zustand mitzuteilen. Man kann dies »geistige Wahrnehmung« nennen, denn diese Form von Kommunikation hat die Qualität von Wissen: Sie »fühlen« die Information wie in einer Art telepathischem Gespräch.

Eine der ergiebigsten Erforschungen des Körpers ist möglich über die intuitive Kunst, den Geschichten des Körpers auf symbolischer Ebene zuzuhören. Das Gehirn registriert jede Berührung des Knies. Aber andersherum läßt es auch das Knie aufschlagen, um negative Energie, die sich dort festgesetzt hat, freizusetzen. Der Körper ist wie eine Straßenkarte der Seelenlektionen. Jeder Körperteil symbolisiert ein bestimmtes Thema, und die Funktionen dieser Teile drücken dieses Thema aus. So entspricht zum Beispiel die linke Körperhälfte den weiblichen Yin- (oder empfangenen) Energien. Die Hand läßt die Energien in den Körper oder aus ihm heraus fließen. Wenn Sie an Ihrer linken Hand oder Ihrem Handgelenk verletzt werden, versucht

Ihnen der Körper möglicherweise zu zeigen, daß Sie den einfließenden Energiefluß hemmen oder daß Sie Angst haben, Ihre eigenen intuitiven Fähigkeiten zu benutzen. Dies ist ein Problem, das oft Menschen mit einem sehr sensiblen Wesen haben und zu schüchtern sind, um dies auszudrücken. Diese Sprache des Körpers ist, finde ich, eine faszinierende und präzise Übersetzung seiner Botschaften. Wäre man fähig, dem Körper besser zuzuhören, dann müßte er nicht so weit ausholen. Sie können sich vorstellen, daß es Hunderte solcher wie zuvor geschilderter Zusammenhänge gibt. Sie allein würden ein eigenes Buch füllen. Es ist also besser, Sie bitten Ihren eigenen Körper, sich Ihnen auf symbolischer Ebene zu erklären. Sie werden erstaunt sein, wieviel Information Sie, indem Sie mit Ihrem sechsten Sinn hinhören, entschlüsseln können.

Geschieht mit Ihrem Körper etwas Negatives, gleich ob es sich um einen Unfall oder um eine Krankheit handelt, so ist es wichtig, Ihr Bewußtsein in diesen Teil zu leiten und zuzuhören, was der Körper dazu sagt. Wenn Sie sich um den »Grund« der Erfahrung bemühen, wird der Körper Sie oft damit belohnen, daß er mit erstaunlicher Geschwindigkeit heilt, da er nicht länger mit diesem Thema auf sich aufmerksam machen muß.

Ihre über siebzig Sinne helfen Ihnen, im kleinsten Detail und auf den verschiedensten Ebenen die Funktionen Ihres Körpers zu erkennen. Durch Milliarden köstlich feiner Wahrnehmungen von Druck, Entfernung, Raum, Dichte und anderer faszinierender Sinne können Sie Zugang haben zu dem, was in Ihnen vor sich geht. Durch die so erlangte Bewußtheit erst können Sie die Arbeit des Drüsensystems und die summende Vibration Ihrer Atome verstehen.

Das Summen der Atome

Wollen Sie mit Ihrem Körper in Verbindung treten, dann bedienen Sie sich der machtvollsten Methode, indem Sie sich auf die Ebene der Atome konzentrieren. Manche sagen, Jesus Christus habe seine Heilungen auf atomarer Ebene vollbracht. Heute ist man sich der Tatsache bewußter, daß unser Körper ständig mit freien Radikalen bombardiert wird. Durch unsere unnormalen Umweltbedingungen hat dies in unserem Jahrhundert auch sehr zugenommen. Zweimal konnte ich selbst bei mir Knochenbrüche heilen, indem ich meine Aufmerksamkeit auf die Elektronen innerhalb der Zellen in den beschädigten Teilen lenkte. Wie durch ein Wunder heilten meine Knochen innerhalb von zwei Tagen, und ich wurde gründlich an die wahren Fähigkeiten des Körpers erinnert. Wenn Sie die Atome in Ihrem Wesen wahrnehmen können, werden Sie fähig sein, die Qualität Ihrer Körperfunktionen zu dirigieren. Versuchen Sie die folgende Übung.

ÜBUNG
Das Summen der Atome hören

- Setzen Sie sich in Meditationshaltung hin und stimmen Sie Ihr Bewußtsein auf die Atome in Ihren Zellen ein.
- Stellen Sie sich vor, Sie befinden sich innerhalb einer Zelle Ihres Körpers und dringen in die Atome ein.
- Innerhalb des Atoms wirbeln die Elektronen in Form einer Acht herum und verursachen dabei einen schwirrenden, summenden Klang.

Dies ist der »Klang« Ihrer Lebenskraft.

- Gestatten Sie sich, dies wahrzunehmen, und Sie werden sich in dem ausgeglichensten und bestmöglichen Stadium befinden.
- Die Wissenschaft sagt, die Atome stürben nie. Sie existieren in einem zeitlosen, universellen Meer von kosmischem Ausmaß. Durch sie werden Sie wirklich zeitlos.

Wenn Sie wirklich in der beschriebenen Art aufmerksam sind, wird es negativen Energien kaum je möglich sein, außerhalb Ihrer Wahrnehmung Störungen zu schaffen, die sie krank machen. Fremdkörper, Strahlungen, Schwermetalle und andere giftige Abgase, Tumore und Ablagerungen können durch die subtile Wahrnehmungsfähigkeit Ihrer Sinne entdeckt werden. So hält sich Ihr Körper frei von zerstörerischen Elementen, die ihn altern und sterben lassen, und folgt seiner Bestimmung zum ALTERSLOSEN KÖRPER.

KAPITEL 3:

Die Emotionen des ALTERSLOSEN KÖRPERS

Der ALTERSLOSE KÖRPER besitzt Emotionen, die licht und freudvoll sind. Er ist bereit, jederzeit die Ekstase und Üppigkeit des Lebens zu erfahren.

Weil das menschliche Herz Teil der universellen Energien ist, hat es in sich Erinnerungen an äußerste Verzückung und großartige Fülle gespeichert. Bei der Empfängnis bekommt die grenzenlose Glückseligkeit des Kosmos eine endliche Struktur in menschlicher Form. Daraus entsteht Trennungsangst. Zu diesem ausschlaggebenden Zeitpunkt entspringt der Emotionalkörper seinem Gedächtnisspeicher und breitet sich auf dem Muster des genetischen Gewebes aus.

Unter Anleitung des Emotionalkörpers entfaltet sich nun unser Leben, hinein in Kampf, Streß und Negativität. Oder aber es entwickelt sich zu einem weiten, unbegrenzten, spielerischen Selbst, das den ALTERSLOSEN KÖRPER mit reinster Energie versorgt. Allein bedingungslose Liebe, der es nie an Mitgefühl und Ermutigung mangelt, kann zeitloses Leben erzeugen. Sie können sich selbst beibringen, Ihr Leben und Ihre bisherigen Erfahrungen aus neuer Sicht zu betrachten, so daß Sie gefühlsmäßig bereit sind, freudige Aspekte zu erkennen. Dazu müssen Sie Ihren Emotionalkörper zutiefst erforschen. Dann werden Sie alte negative Schlußfolgerungen, die Sie davon abhalten, zu höheren Ebenen ekstatischer Existenz zu gelangen, aufgeben. Solange Sie sich noch als Opfer betrachten, kennt Ihr emotionales Repertoire keine Grenzen. Wenn Sie meinen, irgendwelche äußerlichen Kräfte haben Sie fest im Griff, können Sie die Wahl Ihrer Seele nicht verstehen. Der Körper wird alterslos, wenn auch der Verstand das Gelächter des Emotionalkörpers aufnimmt und wenn dieses Lachen das wahre, das Höhere Selbst ausdrückt. Der Geist ist so mächtig, daß Gedankenformen, die darüber Auskunft geben, wie der Emotionalkörper sich selbst sieht, die Lebensenergie bestimmen. Wenn Sie Gedankenformen besitzen, die Ihren physischen Körper schlecht machen, werden Sie automatisch zu dem, was Sie am meisten fürchten und verachten. Sind Sie, zum Beispiel, in einer Beziehung zurückgewiesen oder enttäuscht worden, machen Sie möglicherweise Ihren Körper dafür verantwortlich, daß er nicht gut genug war, um die gewünschte Liebe zu halten. Negative Gedanken wie: »Niemand will mehr diesen alten Körper!« oder: »Ich hasse meine dicken Schenkel, mein graues Haar, meine schlaffen Brüste!« senden dem Körper Botschaften, die sich allmählich verwirklichen. Der physische Körper verschließt sich dann dem Leben genauso wie der emotionale. Er speichert diese Negativität und verwandelt sie in Energieblockaden, bis die Zellen schließlich an dem Gedankengift förmlich ersticken.

Nur deshalb altert der Körper. Er ermüdet, weil er ewig verbal, mental und physisch mißhandelt wird. Der Emotionalkörper kann sehr brutal sein. Er bedient sich des physischen Körpers, um die nötige Liebe zu bekommen, und verlangt nach Berührung, Umarmung und sexueller Begegnung, um sicher zu sein, daß er existiert. Der physische Körper muß die emotionale Tyrannei des Emotionalkörpers aushalten, denn der Emotionalkörper nimmt sich nun einmal durch ihn wahr. Man kann ihm jedoch auch beibringen, wie man Liebe und Wohlbefinden auf andere Weise erlangt.

Das Maß der Liebe

Das Gefühl, nicht geliebt zu werden, ist eine der Hauptursachen des Alterns. Wir sind uns bewußt, welche Bedeutung das Gleichgewicht der emotionalen Energie in den meisten Beziehungen zwischen den beiden Partnern hat. Wir sehen unseren Selbstwert in engem Verbund mit dem Gefühlsausdruck des anderen. Wir werden ängstlich, weil der andere uns fast nie das spüren läßt, was er wirklich fühlt. So sind zum Beispiel Männer nicht oft dazu in der Lage, Frauen ihre tiefsten Gefühle mitzuteilen. Frauen können dies normalerweise besser. Sie machen sich häufig Sorgen, ob ein Mann sie liebt oder nicht. Die Männer verstecken hingegen ihre Gefühle tief in ihrem Inneren, wodurch sie zu Gefangenen großer Kräfte werden, die ihnen anderenfalls viel Lebensfreude schenken würden.
Die meisten Menschen beurteilen das Maß der Liebe anhand von symbolischen Gesten, die sie aus ihrer eigenen

Familie kennen. Sie vergleichen die Art, wie die Eltern ihre Zuneigung zueinander und zu ihren Kindern ausdrückten, und nehmen dies als Maßstab. Das kann ziemliche Verwirrung zwischen Partnern stiften. Während einer auf Worte wartet, wünscht sich der andere liebevolle Handlungen. Wir messen die Liebe an einem uns vertrauten Repertoire und verpassen deswegen unendliche Varianten liebevoller Gesten, weil wir nicht gelernt haben, ihre Ausdrucksformen zu erkennen.

Aufgrund dieses Maßstabes stellen wir oft fest, daß wir nicht genügend Liebe bekommen, und versuchen meistens, uns an uns selbst zu rächen. Denn der Maßstab, den wir an die Liebe des anderen anlegen, mißt auch die Liebe zu uns selbst. Dies ist eine echte Tragödie, weil die Fähigkeit zu lieben nichts mit dem Menschen zu tun hat, der diese Liebe empfängt. Wir haben Angst zu lieben, weil wir uns nicht sicher fühlen. Indem wir also meinen, nicht genügend geliebt zu werden, machen wir einen Mangel an Schönheit, Intelligenz oder Geld dafür verantwortlich. Es kommt uns nicht in den Sinn, daß der Mensch, den wir lieben, sich nicht traut, sich selbst zu geben.

Wenn eine Beziehung scheitert, wenden wir uns gegen uns selbst. Wir laden uns den Zorn oder die Trauer darüber auf, daß uns der andere nicht auserwählt hat. Alle negativen Gedanken, die wir gegen uns selbst richten, bilden Energien, die uns einschließen und den Lebenswillen des Körpers beeinträchtigen. Auch ein junger Mensch kann krank und lethargisch werden, wenn er sich selbst dafür bestraft, daß seine Liebe nicht erwidert wurde. In seinem Wunsch nach einer liebevollen Beziehung zurückgewiesen zu werden, bedeutet jedoch nicht nur Verlust, sondern auch Freiheit.

Wir haben die Wahl, mit Trauer oder Freude darauf zu reagieren.
Der Emotionalkörper hat die gefährliche Eigenschaft, Schlußfolgerungen aus Erfahrungen zu ziehen, damit er in Zukunft sicherer auf etwas reagieren kann. Dies ist ein Verteidigungsmechanismus, der durch assoziative Gedankenmuster stattfindet und uns in unserer Selbsteinschätzung völlig irreführt. Viele Frauen sind zum Beispiel in dem folgenden Denkmuster verhaftet: »Er ist nicht bei mir geblieben, nachdem wir miteinander geschlafen haben, also liebt er mich nicht.« Wir folgern, daß die Zeit, die er uns schenkt, dem Maß seiner Liebe entsprechen muß.
Diese Assoziation kommt vielleicht aus der Kindheit, aus der Erinnerung, daß unser Vater nicht genügend Zeit mit uns verbrachte und uns deshalb – vermeintlich – nicht liebte. Der Emotionalkörper will Erfahrungen wiederholen. Also wird ein Mensch mit dieser Kindheitsgeschichte fast immer zu Liebhabern geführt, die ebenfalls keine Zeit für sie haben, und der Emotionalkörper findet die Bestätigung des Gewohnten: Er fühlt sich nicht genügend geliebt. Diese Situation wiederholt sich immer wieder, bis man sich endlich des Musters bewußt wird und feststellt, daß man selbst diese schmerzhafte Realität schafft.
Der einzige Weg, um diesen Teufelskreis zu durchbrechen, führt darüber, dem Emotionalkörper beizubringen, daß er sich auf das Geschenk jeder einzelnen Erfahrung konzentriert, statt auf die Angst vor Zurückweisung. Es ist nicht nötig, dem anderen die Wahl ganz allein zu überlassen. Wichtig ist die eigene Absicht, Liebe auszudrücken und sie eben nicht von der Reaktion des anderen abhängig zu machen. Darin liegt die tatsächliche Befriedigung.

Die Altersfalle der Negativität

Negative Gedanken und Gefühle schwächen den Körper. Das Immunsystem wird durch den emotionalen Streß gestört. Deswegen erkälten sich Menschen insbesondere dann, wenn sie negative Gedanken hegen. Angst vergrößert den Adrenalinausstoß und unterstützt den Angriff fremder Organismen, die nur darauf warten, eine Schwäche im System zu entdecken. Wir alle wissen, wie schwierig es ist, optimistisch zu bleiben, wenn wir uns schlecht fühlen. Es ist, als könne sich der Körper gar nicht mehr erinnern, wie er sich fühlt, wenn er gesund, stark und glücklich ist.

Negative Gedanken und depressive Gefühle sind eine Altersfalle. Der Körper zeigt seine Hilflosigkeit, indem er einfach zu welken beginnt. Er verschließt sich wie der Emotionalkörper. Ohne den Grundton einer lebensbejahenden Dynamik erfüllt er nicht mehr seine Pflichten, sich selbst zu beschützen und die Zellen zu verjüngen.

Negativität wird nicht nur durch den Zustand unserer inneren Organe reflektiert, sondern auch durch unser äußeres Erscheinungsbild. Man braucht nur jemandem ins Gesicht zu blicken, um zu sehen, wie er zum Leben steht. Eine ständig gerunzelte Stirn, nach unten gezogene Mundwinkel, die senkrechte Falte zwischen den Augenbrauen, alle sprechen sie von Ärger und Kummer darüber, in diesem Leben gefangen zu sein. Das Gesicht ist ein wichtiges Sammelbecken für Gefühle. Ärger staut sich sowohl in Kiefermuskulatur und -gelenken wie auch in den Augen. Wenn man einen anderen nicht mag, kneift man instinktiv die Augen zusammen. In den Augen spiegelt sich die Leber,

dieser natürliche Speicher für Ärger, der die Körperenergie kontrolliert.
Häufig ist der Muskel des Zwerchfells so voll von emotionalen Ablagerungen, daß der Atem nicht frei durch den Körper zirkulieren kann. Wir verstecken Gefühle auch in den Achselhöhlen und an den Rippen. Die meisten von uns sind deshalb schon als Kinder dort kitzlig. Der emotionale und der physische Körper treffen sich in dem Gebiet um den Solarplexus. Die ganze Magengegend ist Abladeplatz für Emotionen. Vor einigen Jahren stellte ich fest, daß die Menschen sofort ihre Gefühle ausdrücken, wenn man sie in der Magengegend berührt. Hellseher, Menschen mit übersinnlicher Begabung und generell die meisten Männer entwickeln oft dicke Bäuche bei dem Versuch, ihre emotionale Verletzlichkeit zu beschützen. Sie meinen unbewußt, sich so körperlich vor fremden und eigenen Energien schützen zu können.
Wie oft geschieht es, daß wir uns ekstatisch oder glücklich fühlen und uns der Emotionalkörper warnt: »Das wird bestimmt nicht anhalten.« Auf diese Art schützt er sich vor der Enttäuschung, die er von vornherein erwartet. Solche Gedanken sollten unbedingt kontrolliert werden, wenn der Körper auf seinem positiven Kurs bleiben will. Wann immer Sie die beeinträchtigenden Stimmen des Emotionalkörpers hören, ersetzen Sie sie sofort durch positive Bilder und Assoziationen. Schicken Sie den Gedanken, die Ihnen das Glücksgefühl nehmen möchten, stärkere, auflösende Energien. Im LIGHT INSTITUTE heilen wir diese Art von negativen Gedanken mit Farben, eine Methode, die sie durch die Kraft der Bewegung aus dem Körper entläßt. Sie können sie auch hinauswirbeln, -tanzen, -singen

oder -summen, so daß Ihr Bewußtsein den Emotionalkörper wieder zu unterstützenden und positiven Gefühlen zurückbegleitet.
Im Universum herrscht der natürliche Rhythmus von Expansion und Kontraktion. Die Kontraktion muß jedoch nicht bedeuten, daß man sich in Angst oder Einsamkeit zurückzieht, sondern sie steht eher für die Geburt höherer Energien, die einem helfen, Ziele zu erreichen. Man kann Ekstase verspüren und dann ihre Energie im täglichen Leben frei entfalten, so daß alles, was man tut, freudig wird. Das gilt natürlich auch für den Beruf. Er sollte für Sie nur ein Gefährt für Ihr Glücksgefühl sein, das Ihre Gegenwart für alle um Sie herum zum Geschenk macht. Nicht die Arbeit als solche ist wichtig, sondern der Friede und die Ermutigung, die Sie Ihren Mitmenschen vermitteln.

Negativität umwandeln

Sie müssen nicht an Ihren negativen Gedanken oder Gefühlen festhalten. Sie können sie bewußt ersetzen, indem Sie machtvolle und angenehme Techniken benützen, um sich Ihres ALTERSLOSEN KÖRPERS bewußt zu werden.

Wasser

Wasser kann auf wunderbare Weise unsere emotionalen Energien verwandeln. Es beruhigt nicht nur den Körper, sondern tröstet auch den Geist. Wann immer Sie das Gefühl haben, in Ihren Emotionen gefangen zu sein, suchen Sie Wasser, um Ihre Aura zu baden und Ihr elektromagnetisches Feld wieder auszugleichen. Ob es sich nun um ein

Bad, eine Dusche, einen See oder das Meer handelt, oder auch nur um ein paar Spritzer auf Kopf und Gesicht – Wasser wird Ihnen immer helfen, emotionale Ablagerungen fortzuspülen und Ihre Negativprägungen aufzugeben.

Wasser war schon immer ein Symbol des Gefühls. Visionen und Träume, die mit Wasser zu tun haben, beschreiben den Zustand des Emotionalkörpers. Ein stürmisches Meer oder schmutziges Wasser drücken turbulente Gefühle aus, die befreit werden wollen. Viele Menschen träumen von Abwässern oder Wasserklosetts, die die »unaussprechlichen« Gefühle ihres Emotionalkörpers ausdrücken.

Auch die höchsten Fähigkeiten der menschlichen Psyche, wie Intuition, übersinnliches Bewußtsein und Hellsichtigkeit, sind Teile des Emotionalkörpers, die wir mit unserem spirituellen Körper in Verbindung bringen. Wie kristallklare Seen und große, lichtdurchflutete Meere können solche Fähigkeiten der Spiegel unserer Seele sein.

Atem

Durch den Atem läßt sich Negativität mit am besten auflösen. Er bewegt das Bewußtsein auf allen Ebenen. Indem Sie sich auf tiefe und langsame Atemzüge konzentrieren, wird es Ihnen schwerfallen, gleichzeitig destruktiven Gedanken zu folgen. Atmen erinnert Sie daran, daß Sie empfangen.

Wenn Sie sich ungeliebt fühlen, legen Sie sich wenigstens fünf Minuten lang hin, und atmen Sie tief durch. Achten Sie auf die Zeit und saugen Sie den Atem tief in sich hinein.

Sie können aber auch einfach nur atmen, als sei jeder Atemzug ein Geschenk für Sie. Luft kann Ihnen ein Gefühl von Fülle vermitteln und so den Emotionalkörper zufriedenstellen. Wenn Sie den Atem bewußt annehmen, sagen Sie Ihrem Körper damit, daß Sie leben wollen.

Musik

Sie ist eine machtvolle Energie, um auf eine andere emotionale Oktave zu gelangen. Nicht nur unser physischer, sondern auch unser feinstofflicher Körper wird, was Laune und Gefühle betrifft, von Klangvibrationen gestimmt. Heute wird man sich dieser Möglichkeit immer mehr bewußt. Die großen Komponisten haben schon immer von dieser starken emotionalen Verbindung mit dem Klang gewußt und sie angewendet, um beim Zuhörer eine tiefe Reaktion auf ihre Musik zu erreichen. Die Oper ist ein klassisches Beispiel der emotionalen Spannung, die durch den dramatischen Gebrauch von Stimme und Instrumenten erreicht wird.

In der NIZHONI SCHULE trommeln die Schüler viel. Es erlaubt ihnen, ihren eigenen Rhythmus auszudrücken und einen synchronen Puls mit ihrem Körper herzustellen. Der Herzschlag, der Puls der Organe und des Gehirns tragen alle zu einem wohligen Gefühl der Zentriertheit bei, das den emotionalen Körper friedlich stimmt.

Bei zahlreichen Meditations- und Entspannungskassetten werden auch Naturklänge angewendet, um die Öffnung zu höheren Bewußtseinsebenen zu fördern. Die Natur erinnert uns an unseren Platz im Universum und hat eine heilende Wirkung auf unsere Psyche. Jeder sollte versuchen, für sich selbst herauszufinden, welche Klänge sein Herz zu dem höheren Bewußtsein hinaufheben, in dem man sich selbst in Verbundenheit mit allem Leben spürt.

Das innere Kind

Es ist nicht schwer, Negativität umzuwandeln, wenn man seine Aufmerksamkeit vom Äußeren tief in das Innere hinein richtet, denn dort finden Sie eine der wichtigsten Energien, nämlich die Ihres inneren Kindes. Einst waren Sie ein Kind, das die Realität anders betrachtete, als Sie es heute tun. Dieses Kind ist eine Brücke zu Ihrer universellen Seele. Es ist weise und besitzt jene heitere Energie, die Sie sofort aus der Verzweiflung rettet und Sie glücklich macht.

Dieses Kind hat eine unglaubliche Kraft und Zärtlichkeit. Das kommt daher, weil es loslassen kann und alles Unbekannte, das neu in sein Blickfeld gerät, als neues Abenteuer willkommen heißt. Es ist gar nicht so schwierig, aus unserem Leben ein Abenteuer zu machen. Erwachsene tun sich darin schwerer, weil sie sich so viele Begrenzungen auferlegen. Werfen Sie sie ab, und Sie werden ekstatisch und glückselig sein. Versuchen Sie, all die Schönheit, die Sie sehen, zu absorbieren. Das ist der beste Weg.

Um alterslose Gefühle zu erschaffen, müssen Sie erst einmal bereit sein, Ihr inneres Kind endgültig anzunehmen. Es ist, als Teil Ihres Emotionalkörpers, am ehesten bereit, zu vergeben, Risiken einzugehen und ekstatische Zustände zu erfahren. Das innere Kind ist voller überschwenglicher Energie, so daß Sie sich im Zugang zu ihm jung und lebendig fühlen können. Die meisten Erwachsenen haben die Verbindung zu ihrem inneren Kind, zu dem »Gefühl des ewigen Jetzt« verloren.

In der Gegenwart zu leben und heilende, göttliche Gefühle den negativen vorzuziehen ist das Tor zum ALTERSLOSEN KÖRPER. Wenn Sie dies als Wahrheit erkennen, dann haben Sie die Wahl, sind Sie frei. Sie können Ihren ständig plappernden Verstand, die zweifelhafte Negativität des vernünftigen Wesens zum Schweigen bringen, indem Sie Ihren feinstofflichen Körper sprechen lassen. Unser spiritueller Körper macht uns frei. Wenn Sie einmal entschieden haben: »Ich wähle das Lachen!«, dann haben Sie unendliche Möglichkeiten, wie Sie dieses Lachen bewirken können, sei es durch ein Buch, durch einen Film, einen Freund oder einen Ort, den Sie lieben. Ihr inneres Kind kann die Szenerie nach Belieben wählen.

Das Kind liebt Wachstum, denn seine Realität befindet sich in seinem Sein. Deshalb fühlt es sich auch völlig sicher. Es sind vor allem die Eltern, die sich Sorgen machen, denn die Erwachsenen sind im Tun gefangen. Sie befinden sich außerhalb des Mittelpunktes und fühlen sich nicht mehr sicher. Ihr inneres Kind will sagen: »Ich bin gut, deshalb fühle ich mich sicher. Wenn ich Fehler mache, lerne ich. Aber das Lernen bringt mich nicht um, und ich werde auch nach dem Lernprozeß noch da sein.« Der Emotionalkörper entwickelt illusorische Schlußfolgerungen, um diese Sicherheit zu fühlen. Sie aber sollten sich fragen: »Wo ist die größte Sicherheit in mir? In meinem Geschlecht, in meinem Gehirn oder in meinem Herzen?« Durch diese Fragen werden Sie viel darüber erfahren, wie Sie Ihre Realität und Ihre Beziehungen strukturiert haben. Wenn Sie Ihrem Körper die Botschaft vermitteln können: »Ich fühle mich sicher.« dann sind Sie frei und alterslos.

Eines der Dilemmata zwischen Kind und Erwachsenem finden wir in der Frage: »Was ist die Konsequenz meiner Handlung?« Kinder müssen lernen, die Folgen ihrer Handlungen einzuschätzen. Doch sollten Sie sich die Freiheit der Wahl bewahren und nicht aus Berechnung oder Angst heraus entscheiden. Der Erwachsene spekuliert: »Wenn ich diese Wahl treffe, gerate ich dann in Gefahr?«, während das Kind denkt: »Wohin führt mich meine Wahl?« Das innere Kind kann durch jedwelche Erforschung ein Gefühl von Glückseligkeit erlangen, denn es besitzt das kosmische Bewußtsein, daß alles Teil eines größeren Ganzen ist, innerhalb eines sich immer weiter ausdehnenden Hologramms. Es wird Sie lehren, daß jede Unternehmung zur nächsten führt. Sie sind ein göttlicher Funke, und das ist ausreichend. Sie müssen diesen göttlichen Funken nicht verändern, sie müssen nur sein und ihn ausstrahlen. Sie besitzen schon die Weisheit, die Sie suchen, einfach deshalb, weil Sie lebendig sind. Dies ist die größte Weisheit des Universums. In Ihrer Feinstofflichkeit wissen Sie genau, wie Sie Gesundheit und Vitalität manifestieren sollen.

Die Beschleunigung der energetischen Frequenz

Die Energie des Kindes ist schneller als die des Erwachsenen. Auch alterslose Gefühle haben mit einer gewissen Geschwindigkeit zu tun, die Ihnen hilft, Ihre energetische Frequenz zu beschleunigen, um solche Gefühle wie Ekstase, Glückseligkeit und Verzückung zu erleben. Das Wort »Emotion« hat mit Bewegung zu tun. Wenn Sie sich leicht fühlen oder zu fliegen meinen, handelt es sich um Emotionen der höheren Oktave. Die Geschwindigkeit höherer Emotionen verändert Sie und hilft Ihnen, ein vollständiges, liebendes Wesen zu sein, das sich an nichts anklammern muß. Manche Menschen haben vor ekstatischen

Gefühlen die gleiche Angst wie vor Depressionen, weil es dort kein bequemes Kontrollmuster gibt, an das man sich halten kann. Wenn Sie die Angst vor Bewegung loslassen, werden Sie die zeitlosen Qualitäten des Kindes wiederfinden.

Ihr Emotionalkörper sollte unbedingt die Erfahrung der Geschwindigkeit machen. Am LIGHT INSTITUTE lehren wir die Kraft des Herumwirbelns, so daß die Zellen des Körpers tatsächlich das Gefühl von Bewegung und Loslassen spüren. Loslassen bedeutet nicht, das, was man begehrt, zu verlieren, sondern eher, es durch sich selbst hindurchspülen zu lassen, während die Geschwindigkeit einen fortreißt. Geschwindigkeit erweitert Ihr Bewußtsein, so daß Sie mehr von dem Hologramm des Seins erblicken. So vieles, was Sie sehen, wird Sie erfreuen und begeistern. Bei großer Geschwindigkeit können Sie die Synchronizität der Dinge sehen. Sobald Sie den Sinn einer Beziehung oder Erfahrung erkennen, brauchen Sie sie nicht mehr festzuhalten. Man hält fest, weil man Angst hat, daß danach nichts mehr kommt und man sich selbst verliert. Doch je schneller Sie herumwirbeln, umso weiter breitet sich das Selbst aus. Sie entdecken nicht nur, daß Sie immer da sind, sondern vor allem, daß alles in Ihnen ist!

Zeitlose Emotionen bedeuten nicht nur Freude oder Ekstase. Wenn Sie zum Beispiel die Beschaffenheit oder das Muster einer Blume in sich eindringen lassen, dann wird Ihr Körper damit verschmelzen. Je mehr Sie die Natur und Ihre Verbindung zu ihr erfahren, umso weniger werden Sie negative Gefühle einengen. Köstliche Liebe wird Ihnen aus nichtmenschlicher Form entgegenströmen. Sie werden dadurch vollständig. Und Sie sind nicht länger allein.

Um den Emotionalkörper zu alterslosem Sein anzutreiben, müssen Sie das Pulsieren des Universums mit seinem ständigen Wechsel – Leben und Tod, Tag und Nacht – bewußt erfahren. Spüren Sie, wie Sie ein Teil der Sterne sind. Wenn Sie sich dann wieder kontrahieren wollen, wissen Sie, daß Sie selbst die Sterne oder die Natur oder die Liebe des Kindes sind. Ihre Aufmerksamkeit wird sich dann nicht auf Schlußfolgerungen richten, sondern in den Kosmos hinausreichen. Ist der Emotionalkörper ständig in Bewegung, läßt man eher los.

Wenn Sie Gefühle als Geschwindigkeit und Bewegung wahrnehmen können, sind Sie nicht mehr in Ihrer eigenen Schwere gefangen. Erlauben Sie dem Leben, Sie zu beschenken, auch wenn diese Geschenke Sie wachsen lassen und zu Trennungen führen können. Mit jeder dieser Gaben werden Sie vollständiger und können mehr in sich aufnehmen. Je erfüllter Sie sind, umso besser können Sie geben. Das ganze Leben wird zum Geben.

Die Macht des Gebenden

Um zeitlose Emotionen zu erfahren, müssen Sie bereit sein, sich aus der gefühlsmäßigen Abhängigkeit von anderen Menschen loszulösen. Dies ist für Ihr inneres Kind, das nicht weiß, wie man das macht, eine ganz neue Übung. Wenn Sie sich von Ihren Notwendigkeitsbindungen befreien, erreichen Sie jene hohen Gefühle, die Sie bisher vielleicht nur in Ihrer Kindheit erfahren durften: Bedingungslose Liebe, Freude an Ihrem eigenen Selbst, Überschwenglichkeit der Gefühle, die das Herz zum Schwingen bringen, nicht etwa, weil die äußere Welt Ihre Träume erfüllt, sondern weil in Ihren Energien alles vorhanden ist, um mit dem Kosmos, der Quelle aller Energie, zu verschmelzen.

Sie haben die Wahl zu sagen: »Ich bin vollständig. Ich habe so viel, daß ich davon abgeben kann.« Dies ist der Schlüssel zur Alterslosigkeit. Sie hängt von der Fähigkeit des Gebenden ab, ein Kanal für jene durch unendliche Bewegungszyklen hindurchdringende Energie zu sein. Wenn Sie lernen, reine kosmische Energie zu beherrschen, werden Sie nie altern müssen. Fühlen Sie sich leer und erschöpft, dann sind Sie nicht in Verbindung mit Ihrer Energiequelle. Bewegungslosigkeit hindert das Körperbewußtsein daran, sich aufgeladen zu spüren.

Glauben Sie nicht, daß nur andere Menschen Sie nähren können! Holen Sie sich Energie aus Sonne, Mond, Erde, Pflanzen, Tieren und Milliarden anderer Lebewesen, deren strahlendes Leben für Sie da ist.

ÜBUNG

Selbst die Quelle sein

- Stellen Sie sich selbst als großes, unerschöpfliches Wesen vor. Sie sind die Quelle von allem, was Sie sich wünschen, und Sie sind Verteiler von allem, was Sie lieben.
- Denken Sie über Erfahrungen und Kräfte nach, die Sie weitergeben würden.
- Wenn Sie Sehnsucht nach Lachen haben, stellen Sie sich vor, daß Sie den Menschen um sich herum das Lachen bringen.
- Stellen Sie sich vor, Sie werden zum Kanal

aller höheren Emotionen, und spüren Sie, wie Sie sich selbst durch kreative, selbsterschaffene Energie erneuern und verändern.
- Genießen Sie bewußt die Freude, die diese Übung Ihnen bereitet und wiederholen Sie sie immer dann, wenn Zweifel und Mutlosigkeit Sie befallen.

Leben ist eine Gabe Ihrer Seele. Die Inkarnation erlaubt Ihnen, die Gesetze des Universums in Aktion zu sehen. Sie können lernen, Energien zu manifestieren und zu verwandeln, so daß alles, was Sie erschaffen, großartig ist. Das Leben ist da, um von Ihnen genutzt zu werden, und nicht, um Sie zu verschlingen. Vielleicht fragen Sie sich wie ein Kind: »Was soll ich damit anfangen?« Solange Sie bereit sind, die Gabe zu empfangen, werden Sie das Leben nutzen und nicht von ihm gefangen sein. Denn Sie sind eins mit der Quelle. Sie sind hier, um zu geben. Und je mehr Sie geben, desto mehr wird da sein.

Zeitloses Bewußtsein

Zeitloses Bewußtsein ist ein altersloser Geisteszustand, der den Körper mit einschließt. Der Körper ist im Grunde eine fließende Form, die sich in Bewegung befindet. Er ist dazu in der Lage, tiefen, lebendigen Frieden zu erfahren. Wenn der Körper fließende Anmut erlangt, pulsiert die Energie, die aus seinem Kern kommt. Sie streichelt die inneren Organe und breitet sich in die Aura aus. Dies ist der natürliche Zustand des Körpers. Wenn Sie dem Körper erlauben,

Sie zu führen, wird der Verstand aufhören, zu schwatzen und Sie zu begrenzen. Da ein intuitiver und kreativer Geist alles zu erreichen vermag, stehen Ihnen alle Türen offen. In diesen ewigen Augenblicken vereinigen sich Geist und Körper, und Sie erhalten die freudige Energie zurück, die Sie verloren hatten. Wenn Sie sich in der Gegenwart ausruhen können und wissen, daß dies ausreicht, wird Frieden Sie erfüllen.

Das Bewußtsein bringt den Geist auf höhere Oktaven der Erkenntnis, die den Emotionalkörper freisetzen. Ist er einmal aus seinem Gefängnis von Zweifel und Trennungsschmerz befreit, schwebt er schwerelos auf den lichten Ebenen, auf denen Ekstase und Glückseligkeit angesiedelt sind. Der ALTERSLOSE KÖRPER besitzt Emotionen, die licht und freudvoll sind. Er ist bereit, jederzeit die Ekstase und Üppigkeit des Lebens zu erfahren.

Kapitel 4:

Wasser – die Quelle des Lebens

Wasser lehrt uns, daß wir keine unbeweglichen Geschöpfe aus festem Stoff sind, sondern sich beständig wandelnde, machtvolle Kanäle des Lebens.

Für die Erhaltung des ALTERSLOSEN KÖRPERS ist es wesentlich zu erfahren, wie sehr Wasser unser Leben beeinflußt. Man stellt sich Wasser wahrscheinlich selten als Element vor, das für Vitalität und Gesundheit von so großer Bedeutung ist. Und dennoch trocknet man ganz schnell aus, wenn man kein Wasser trinkt. Durch die flüssigen Systeme des Körpers werden Nährstoffe zu den Zellen getragen und zugleich Giftstoffe aus dem Körper ausgeschwemmt. Lebewesen können lange Zeit überdauern, wenn sie nicht von ihren eigenen Abfallstoffen vergiftet und mit wesentlichen Nährstoffen versorgt werden.

Deswegen habe ich Hungerhilfeorganisationen schon öfters vorgeschlagen, den Hungernden mit Vitaminen und mit Aminosäuren angereichertes Wasser zu verabreichen. Säuglinge, die eine Hungersnot überleben, haben leider oft danach einen unheilbaren Gehirnschaden. Wenn Mütter, die diesen Kindern die Brust geben, ein so angereichertes Wasser bekämen, könnten viele Leben sinnvoll gerettet werden.

Wasser nährt nicht nur, sondern es reinigt auch. Es erweckt Ihre Psyche, besänftigt die Emotionen und ist Übermittler allerlei Information über Sie und Ihre Welt. Die erste Zelle Ihres Körpers wird durch Wasser genährt, und die Enzyme und Hormone, die über das Leben wachen, schwimmen in diesem großartigen Stoff.

Wasser ist tatsächlich die Quelle des Lebens!

Wasser ist ein heiliges Element. In unserem Sonnensystem gibt es nur auf unserer Erde und auf dem Mars (mit seinen »toten« Meeren) dieses wertvolle Element, aus dem unser Leben entspringt. Alles, was auf unserem Planeten Leben hat, ist irgendwann im Wasser entstanden. Einst war unser ganzer Planet von Wasser bedeckt. Heute bestehen zwei Drittel seiner Oberfläche aus Meeren. Unser Ursprung aus dem Wasser spiegelt sich in unserem genetischen Muster. Der Mutterleib, in dem wir heranwachsen, ist mit salzigem Fruchtwasser gefüllt. Hier gedeihen wir neun Monate lang, in unserem eigenen Meer schwimmend, nicht viel anders als vor Millionen von Jahren. Das Blut in unseren Venen hat eine dem Meereswasser verwandte Struktur. Das Meer ist unsere Mutter und ist uns deshalb heilig. Wir müssen die Einheit mit diesem Element wiedergewinnen, damit wir uns von neuem an unseren Platz im Universum erinnern können.

Jede lebensnotwendige Substanz trägt eine heilige Energie in sich, weil sie mit der Quelle verbunden ist. Es besteht eine innige Freundschaft zwischen ihr und uns, die uns auffordert, ihr gegenüber aufmerksam zu sein und ihre Eigenschaften zu bewahren, damit sie uns weiter eine lebenspendende Essenz sein kann. Wasser ist ein heiliger Fluß, der in allen Schichten und Teilen unseres Lebens, um uns und durch unsere äußere Umgebung fließt.

In jeder Religion wird Wasser als Teil des göttlichen Ausdrucks verwandt. »Heiliges Wasser« schenkt den Christen Schutz und Reinigung, wenn sie sich der Taufe unterziehen. Babys werden durch Berührung mit Wasser in das spirituelle Leben hineingeboren. Heilende Zeremonien finden oft an den Ufern heiliger Gewässer statt. Die Menschheit trägt ihre Leiden und Kümmernisse an Seen, Quellen, Flüsse und Meere, um geheilt zu werden.

Es gibt kaum jemanden, der nicht gerne im Wasser untertaucht. Ein langes, warmes Bad hilft, wenn man sich leer und einsam fühlt. In der Tiefe unseres Wesens sehnt sich jeder von uns nach der Quelle, wo man Trost in bedingungsloser Liebe findet, die manchmal fast vergessen zu sein scheint und ohne die einem das Leben so schwierig vorkommt, daß man kaum überleben kann. Unsere Körper wachsen nie über das Wohlbefinden in der Flüssigkeit des Mutterleibes hinaus.

Ich kann nicht vergessen, wie mein neugeborener Sohn Bapu untröstlich weinte, als wir ihn von seinem Geburtsort auf den Bahamas fort in die hochliegende, trockene Wüste Neumexikos brachten. Verzweifelt schrie er stundenlang, bis ich plötzlich auf die Idee kam, ihm ein warmes Bad zu bereiten. Kaum hörte er das Rauschen des Wassers, seufzte er tief und schlief ein. Sanft hob ich ihn in das Bad hinein, und wir beide schliefen mehrere Stunden lang. Danach verbrachten wir jeden Tag einige Zeit im Wasser, wo

er gedieh und sich mit der Freiheit und Sicherheit eines im Wasser geborenen Wesens bewegte.
Diese Erinnerung an unsere Quelle läßt uns im Bad Entspannung spüren, die wir nicht so erleben, wenn wir von Luft umgeben sind. Vielleicht haben deshalb die Weisen aller Länder immer Wasser als wesentliches Heilmittel angewendet. Im Wasser spürt man Schwerelosigkeit, und der Druck wird von den inneren Organen genommen. Man findet auch Erleichterung bei Magen- und Darmkrämpfen. Sorgen und Frustrationen scheinen, wenn wir in der Badewanne liegen, von uns wegzuschwimmen.

Wir sind Wasser

Im Wasser werden alle Nährstoffe, Hormone und andere wesentliche Elemente, die die Gesundheit beeinflussen, transportiert. Ihr Blut, das die meisten dieser Substanzen mit sich trägt, besteht zu etwa neunzig Prozent aus Wasser. Man kann tagelang ohne Nahrung überleben. Ohne Wasser jedoch nicht.
Als Sie auf diese Welt kamen, bestanden Sie zu fünfundachtzig Prozent aus Wasser. Im Prozeß des Alterns trocknet man jedoch aus und besteht nur noch zu fünfundsechzig Prozent aus Wasser. Dies bedeutet, daß sich unsere Grundzusammensetzung ändert. Wir werden im Alter härter und steifer. Man sagt, Altern sei ein Prozeß des Austrocknens. Dies sieht man oft an sehr alten Menschen, an ihren runzligen Gesichtern und Händen, ihrer ledernen Haut und vor allem auch an dem »Austrocknen« der Hormone, die den Lebenssaft ausmachen.

Dennoch sind sogar siebzig Prozent Wasser genug, um sich selbst als flüssiges Wesen betrachten zu können. Sie werden sich anders fühlen, wenn Sie sich vorstellen, daß Sie zu mehr als der Hälfte aus Wasser bestehen. Dies bedeutet, daß die Eigenschaften des Wassers in Ihrem Körper einen großen Einfluß darauf haben, wer Sie eigentlich sind.

Die Sicht der Realität hängt von der Art der Gehirnmuster ab, die entweder einen sanft fließenden Puls besitzen oder aus chaotischen, vollgestopften Systemen bestehen, die zu dicht bepackt sind, um synchrone Bewegung zu ermöglichen. Das Gehirn selbst besteht zu etwa neunzig Prozent aus Wasser und wird durch die Rückenmarksflüssigkeit genährt, die es ständig um- und durchspült. Das sollte Sie dazu veranlassen, sich um die Reinheit Ihrer Gehirnflüssigkeit zu bemühen. Am LIGHT INSTITUTE machen wir bei jeder Serie von Sitzungen auch eine »Cranial«-Sitzung. Dies ist eine hochsensible Arbeit, die alle Knochen und Knochennähte des Gehirns wieder ins Gleichgewicht bringt und es durchspült, indem Rückenmarksflüssigkeit hineingepumpt wird. Durch die Stimulierung der Zirbeldrüse werden auch die anderen Drüsen aktiviert und das Bewußtsein geöffnet.
Das Wasser im Gehirn und im Nervensystem ist das am stärksten strukturierte Wasser des Körpers. Es ist äußeren elektrischen und magnetischen Einflüssen gegenüber sehr sensibel. Dies müssen Sie wissen, denn die Frequenzen mit sehr niedrigen Wellenlängen, die zum Beispiel Ihr Fernseher, Ihr Haarfön, Ihr Computer oder andere Haushaltsgeräte ausstrahlen, können sehr wohl Ihre Gehirnflüssigkeit durcheinanderbringen, indem Sie die Kristallkolloide, die

die Wasserstruktur erhalten, zerstören. Damit zerstören Sie auch die Lebensenergie des Gehirns.
Eine der wesentlichen Funktionen des Wassers ist seine Fähigkeit, Abfälle und Gifte auszuschwemmen. Wenn dies nicht der Fall wäre, würde der Körper bald in seinen selbstproduzierten Schadstoffen ersticken. Ist der Körper erst vergiftet, so kann weder Nahrung noch Lebensenergie zu den Zellen hindurchdringen, denn es befinden sich nicht nur die Überreste nicht absorbierten Essens im Körper, sondern auch große Mengen lebloser Füllmittel, die sich in der von uns eingenommenen Nahrung befinden.
Unsere Lebensmittel sind voller chemischer Verunreinigungen, weil versucht wird, sie künstlich schmackhafter zu machen oder tote Produkte zu erhalten. Dazu kommen die Chemikalien aus der Umwelt wie Insektizide, Fungizide, Pestizide, organische und anorganische Düngemittel, die zwar Nahrung für große Menschenmassen ermöglichen, aber gleichzeitig unsere und die Gesundheit unserer Kinder gefährden. Noch immer hat die Menschheit nicht begriffen, daß jeder Eingriff in die Natur eine Folge von möglicherweise katastrophalen Kettenreaktionen auslöst.
Dieser kurzsichtige Ansatz wird auch weiterhin keine sicheren Lösungen bringen, denn die Zukunft entspringt in der Gegenwart, und alles, was man dem Körper aus einem unmittelbaren Bedürfnis antut, wird in nicht allzu weiter Zukunft seine Wirkung zeigen. Menschen, die sich an Alkohol, Zucker und Drogen gewöhnt haben, hoffen, daß mit der Befriedigung Ihrer Bedürfnisse die Zerstörung des Körpers aufgehalten werden kann, auch wenn der Körper seine Warnungen über die Gefahr aussendet. Der Körper kämpft, um solch schädliche Substanzen loszuwerden,

indem er Enzyme, Hormone und andere Elemente ausschüttet, um den Organen zu helfen, Schadstoffe auszuscheiden. Verschmutzungen der Luft, des Wassers und der Erde füllen unsere Lungen, verkleben unsere Gelenke und bombardieren unsere Organe, bis der Körper bei diesem Beschuß Mühe hat, zu überdauern.

Schlimmer noch als diese Gifte sind die emotionalen Ablagerungen, die unser Bewußtsein und Unterbewußtsein beeinflussen. Angst und Zorn schädigen unser Nervensystem, indem sie chemische Reaktionen im Blut bewirken, die Gehirnchemie verändern und in den Zellen der Gelenke, Organe und Muskeln ihre negativen Spuren hinterlassen. Der Schmierstoff in unseren Gelenken bewirkt Schwellungen, wenn Emotionen in ihm festgehalten werden. In der Folge kann daraus zum Beispiel Arthritis entstehen.

Nur wenn die Flüssigkeiten klar und auch die anderen Systeme des Körpers, Drüsen, Blut und Rückenmark rein sind, können Nährstoffe zu den Zellen transportiert werden, die sie aufnehmen und Gifte abgeben. Wie eine immer gegenwärtige Flut spült Wasser durch unsere Gelenke, Organe, Zellen, durch die Gelenkzwischenräume, den Kreislauf, das Drüsensystem und die Wirbelsäule, um zu nähren, wiederherzustellen und zu entgiften.

Die Eigenschaften von Wasser

Aus dieser kurzen Beschreibung des Vergiftungsprozesses sehen Sie, wie wichtig es ist zu trinken, zu trinken und nochmals zu trinken, damit Ihr Körper sauber bleibt, gut funktioniert und nicht altert. Mindestens zwei Liter Flüssigkeit am Tag sollte man nach alter Hausregel trinken. Für viele von uns ist es so gut wie unmöglich, so viel Flüssigkeit zu sich zu nehmen. Ich selbst fand es sogar immer schwierig, auch nur irgend etwas zu trinken. Das hat wohl etwas mit dem Schlucken zu tun. Vielleicht hängt es damit zusammen, daß ich als Kind sowohl Keuchhusten wie auch Diphterie hatte, was meine Atmung und mein Schlucken vielleicht beeinflußt hat. Ich habe viele Menschen kennengelernt, denen dieses Problem ebenfalls vertraut ist.

Ich fand in der Forschungsarbeit von Dr. Patrick Flanagan*, eines weltbekannten Forschers, die Antwort. Flanagan verbrachte viele Jahre damit, die Struktur des Wassers nachzuahmen, die man in den Gebieten der Welt findet, in denen Menschen besonders langlebig sind. Diese Menschen leben in bestimmten Regionen, hoch oben in den Bergen, wie zum Beispiel im Hunza-Tal in Indien, im Mongolischen Altai, dem Vilcabamba-Gebiet in Ecuador oder in verschiedenen Bergtälern in Peru und Bolivien.

Ihnen allen gemein ist die Tatsache, daß ihre Täler von Gletscherwasser genährt werden. Ich kann mich erinnern, dieses trübe Wasser auf vielen meiner Trecks durch die bolivianischen Berge getrunken zu haben. Für mich war dies symbolisch, als habe die große Gletschermutter Milch aus ihren Brüsten fließen lassen, um ihre Kinder zu nähren. Ich fühlte mich dadurch immer sehr erfrischt. Gletscherwasser ähnelt destilliertem Wasser, das keine Mineralien enthält. Wenn das Wasser dann vom Gletscher hinunter ins Tal kommt, fließt es über Gestein und nimmt dort bestimmte ionische Mineralien auf, die ihm Leben geben.

---

* Patrick & Gael Crystal Flanagan, *Elixir of the Ageless*. Ohne Ort: Vortex Press, 1986.

Aus Dr. Flanagans Arbeit erfuhr ich von einer »befeuchtenden« Eigenschaft des Wassers, durch die es an den Dingen, mit denen es in Berührung kommt, haftet und sie so andauernd befeuchtet. Dies hängt mit der elektrischen Ladung des Wassers zusammen. Die kolloidalen Minerale laden das Gletscherwasser so stark auf, daß es anionische Elektrolyte enthält. Doch das von uns normalerweise verwendete Wasser hat diese Ladung verloren, denn die organischen Kolloide, die für den Lebensfunken und die Eigenschaft des Befeuchtens sorgen, gehen durch den Zusatz von Chemikalien und kationischen Elektrolyten verloren. Ich empfand dieses Wasser im Halse immer als schwer, und ich mochte es nicht gerne trinken. Dr. Flanagan entwickelte eine Methode, mit der man unserem Wasser die Eigenschaften von Gletscherwasser zusetzen kann. Er hat ein Konzentrat von Kristallkolloiden entwickelt, die man dem Wasser hinzufügen kann, um es wieder lebendig zu machen. Wasser, das diese Kristallkolloide enthält, befeuchtet. Es fließt wie Seide den Hals hinab.
Mein Lieblingswasser ist das »Walser-Wasser« aus der Schweiz. Es rieselt aus dem Schnee der Schweizer Alpen hinunter, reist unterirdisch durch massive Schichten von Graubündener Schiefer, den die Natur nach oben geschoben hat und der das Wasser mit wertvollen Mineralien versorgt. Anschließend fließt es über Dolomitgestein, das es weiter elektrisch auflädt. Es fließt in einer Tiefe von bis zu tausend Metern durch das Gebirge und braucht für seinen Weg nahezu fünfundzwanzig Jahre. Das »Walser-Wasser« ist also weder durch sauren Regen noch durch Strahlung verschmutzt. Schließlich entspringt es in einer Höhle als warmer, artesischer Brunnen mit einer durch den Druck

verursachten Temperatur von dreißig Grad Celsius. Der Gedanke, daß es, noch warm vom Mutterleib, nach oben sprudelt, um völlig rein und unverdorben aufzutauchen, gefällt mir. Anschließend wird das »Walser-Wasser« mit Sauerstoff versetzt, indem es sanft durch Marmorkies und Sand gefiltert wird, wobei es auch sein überschüssiges Eisen verliert. Hier gibt es keine Manipulation durch den Menschen, nur die Weisheit unserer Mutter Natur.
Ich probierte das »Walser-Wasser« zum ersten Mal, als ich bei Donald und Joanna Hess zu Besuch war. Damals pflegte ich nicht allzu viel Wasser zu trinken. Doch ich wußte, ich war von der Reise ausgetrocknet. Also schenkte ich mir ein Glas aus der Flasche ein, die man mir ins Zimmer gestellt hatte, um einen kleinen Schluck zu mir zu nehmen. Zu meiner Überraschung war das Wasser so weich und leicht zu schlucken, daß ich die Flasche ganz austrank. Sofort ging ich hinunter, um zu fragen, woher dieses Wasser käme, nur um festzustellen, daß die Familie Hess das »Walser-Wasser« abfüllte und daß ihnen die Heiligkeit und der Schutz des Wassers genauso am Herzen liegt wie mir. So begann eine der wichtigsten Freundschaften meines Lebens.

Die Wahl des richtigen Wassers

Es gibt viele Sorten von Trinkwasser, von Leitungswasser über abgefülltes Wasser, Quellwasser, Wasser mit Kohlenstoff, destilliertes Wasser bis hin zu Wasser mit einseitiger Osmose.
Hier möchte ich ein wenig über diese verschiedenen Was-

sersorten und ihre Wirkung auf den Körper sprechen. Da die Qualität von Wasser für die Erlangung eines ALTERSLOSEN KÖRPERS so wichtig ist, müssen Sie Ihren Körper erforschen, um herauszufinden, welches Wasser er am liebsten hat. Ihr Körper weiß genau, wann Sie welches Wasser trinken sollten.

Leitungswasser

Das Wasser, das in Städten aus der Leitung fließt, ist normalerweise so stark geklärt, um die Abwässer, aus denen es hergestellt wird, zu reinigen, daß ich es Ihnen nicht empfehlen kann. An vielen Orten der Welt wird zum Beispiel Chlor benützt, um das Wasser zu säubern. Es gibt Untersuchungen, die das Ansteigen der Herzinfarktquote in den Städten auf die Einführung von Chlor im städtischen Wassersystem zurückführen.

Der Forscher Dr. Joseph Price* veröffentlichte 1969 ein Buch, in dem er den Zusammenhang zwischen Chlor und Arteriosklerose sehr überzeugend nachweist.

Wertvolle Kolloide werden durch den Einschluß kationischer Mineralien, wie zum Beispiel Aluminium, das dem Klärungsprozeß durch Verklumpung hilft, organische Verschmutzer zu beseitigen, zerstört. Und was noch schlimmer ist, dem geklärten Wasser werden kationische Salze zugesetzt, damit die Leitungen nicht rosten. Statt dessen verklumpt sich dann das Blut derjenigen, die dieses Leitungswasser trinken. Sogar diese extremen Maßnahmen, die das Wasser trinkbar machen sollen, garantieren seine Trinkbarkeit also noch lange nicht. Man nimmt an, daß

---

* Dr. Joseph Price, *Coronaries, Cholesterol, Chlorine.* Ohne Ort und Verlag, 1969.

sich in normalem Leitungswasser Tausende von krebserregenden Substanzen befinden.

Abgefülltes Wasser

All diese Tatsachen über Leitungswasser, lassen darauf schließen, daß man lieber abgefülltes Wasser trinken sollte. Jedoch gibt es auch viele Sorten abgefüllten Wassers, die erst von den Firmen behandelt werden. Diese entfernen zunächst alle Mineralien und Verschmutzer und »rekonstruieren« dann das Wasser künstlich. Leider wird dabei im allgemeinen nicht auf die wesentliche Rolle der Kolloide in lebendigen Systemen geachtet. Und fast alle Wasserabfüller setzen dem Wasser kationische Mineralien zu, die in bezug auf die energiespendenden Elektrolyte nicht ausgeglichen sind.
Sie zerstören damit die vitalen Kolloide und servieren Ihnen Mineralzusammensetzungen, die für Ihr empfindliches Körpersystem nicht geeignet sind.

Quellwasser

Das meiste Quellwasser ist durch kationische Mineralien, die irgendeine Art von Filter brauchen, im Ungleichgewicht. Leider gerät auch industriell genutztes Abwasser in das Grundwasser, so daß auch Quellwasser zu einem Risiko geworden ist. Ernüchternd ist auch die Vorstellung, welche Schadstoffe das Wasser aus der Luft mitnimmt, bevor es als Regen auf die Erde fällt. Alles, was in der Luft ist, kann von Wasser aufgenommen werden. Wir alle haben bereits vom sauren Regen gehört. Wir wissen noch nicht, welche Langzeitwirkungen von Verschmutzungen durch Flugzeu-

ge, Raketen, Bombenversuche und Atomreaktoren ausgelöst werden.
Ich habe den Verdacht, daß der Dampf aus Atomreaktoren auf die Luftfeuchtigkeit wirkt. Und alles, was mit ihr in Berührung kommt, wie unsere Seen, Flüsse und Bäche, aus denen wir unser Trinkwasser schöpfen, ist direkt betroffen.

Mit Kohlenstoff versetztes Wasser

Mit Kohlenstoff versetztes Wasser ist in der Welt beliebt. Doch entsteht die Kohlensäure aus einem Zusatz von Kohlendioxyd, genau das, was der Körper mit jedem Ausatmen versucht loszuwerden. Der Körper behandelt Kohlendioxyd als Abfallprodukt. Es ist ein giftiges Gas, das vom Blut zu den Lungen getragen wird, damit sie es ausscheiden.
Wenn man viele mit Kohlensäure versetzte Getränke trinkt, wird der Körper nicht mehr so viel Sauerstoff transportieren können und die Lungen unter Druck setzen, das Gas loszuwerden. Die meisten von uns haben sowieso zu viel Gas in sich, weil wir unsere Nahrungsmittel nicht richtig kombinieren. Wir sollten es auf keinen Fall noch zusätzlich aufnehmen.

Destilliertes Wasser

Über den Nutzen oder Schaden destillierten Wassers wird im allgemeinen viel gestritten. Da es keine Mineralien enthält, zieht es diese aus dem Körper, während es das System durchspült. So ist es einerseits ein großer Reiniger, obwohl es keine lebenspendenden Eigenschaften hat. Die große Kraft des Wassers liegt eigentlich nicht in seinen Mineralien, sondern in der elektrischen Ladung, mit der es durch die Kolloide versorgt wird. Diese fehlt destilliertem Wasser vollkommen.

Einseitige Osmose

Bei der einseitigen Osmose handelt es sich um die Entfernung aufgelöster Feststoffe und Bakterien, indem das Wasser durch eine Membrane gezwungen wird. Dadurch wird das Wasser mineralienfrei oder neutral und hilft so, den Körper zu reinigen. Bei mir zu Hause trinken wir Wasser mit einseitiger Osmose, dem freifließende Katalyte beigesetzt sind. Dieser katalytische Zusatz produziert natürliche Kolloide, wodurch sich Anionen bilden. So erhält man wenigstens annähernd reines Wasser mit zumindest einigen der Eigenschaften anionischer Elektrolyte. Vielleicht wird eines Tages alles Trinkwasser mit Dr. Flanagans flüssigen Kristallkolloiden angereichert sein und damit wieder Lebenskraft enthalten, so wie Mutter Natur dies beabsichtigt hat.

Die Botschaften der Körperflüssigkeiten

Die Körperflüssigkeiten transportieren »Botschaften« durch den Körper: Der allgemeine Zustand des Körpers wird durch die Blut-, Lymph-, Rückenmarks- und Zwischengelenkflüssigkeiten beeinflußt. Wenn diese sich nicht richtig fortbewegen können und voller giftiger Abfälle sind, wird der Körper sich unwohl fühlen.

Dabei sagen Farbe und Konsistenz der Körpersäfte viel über die Gesundheit des Menschen aus. Haben sie beispielsweise den typischen Gelbton von Stroh, so kann dies ein Hin-

weis auf Krebs sein. Dieser trübe, undurchsichtige Farbton wird möglicherweise durch eine größere Abfallmenge bewirkt, die auftritt, wenn Zellen sich anormal schnell reproduzieren. Könnte man diese Säfte klären, würde sich der Zustand nicht nur verbessern, sondern die Krankheit möglicherweise zum Stillstand kommen.
Mit der hellseherischen Aufmerksamkeit, die jeder Mensch besitzt, kann man diese Körpersäfte betrachten und dadurch wichtige Botschaften erhalten. Das ist wahre Präventivmedizin. Wenn man ernsthaft beobachtet, welche Botschaften im Körper fließen, dann kann man ihn sehr stark in Richtung Gesundheit und Alterslosigkeit beeinflussen. Versuchen wir es!

ÜBUNG

Die Körperflüssigkeiten beleben und heilen

- Schließen Sie die Augen und entspannen Sie sich durch einige tiefe Atemzüge.
- Bitten Sie Ihren Körper, Ihnen Ihre verschiedenen Körpersäfte zu zeigen. Sie können sie beim Namen nennen, beispielsweise: »Bitte zeige mir das Blut.« oder: »Bitte zeige mir die Lymphe.« und so weiter.
- Stellen Sie fest, ob sie klar oder trüb sind.
- Sind Ihre Körperflüssigkeiten klar und voller Energie, dann loben Sie Ihren Körper und unterstützen ihn, indem Sie das Bild dieses klaren Flusses in sein Zellgedächtnis einprägen.
- Sind Ihre Körperflüssigkeiten trüb und leblos, dann geben Sie Ihrem Körper den Auftrag, das negative Potential fortzuspülen. Unterstüt-

zen Sie ihn darin, indem Sie sich vorstellen, daß Wasser durch jede Zelle Ihres Körpers hindurchrauscht und alle Verunreinigungen mitnimmt.

- Trinken Sie in beiden Fällen nach Abschluß der Übung ein Glas klares Wasser und beauftragen Sie es, auf seinem Weg durch Ihren Körper alles mitzunehmen, was ihm schaden könnte.
- Sie werden erstaunt sein, wie sehr diese Übung Sie energetisiert!

Die Beeinflußbarkeit von Wasser

In unzähligen Studien haben sich Wissenschaftler bemüht nachzuweisen, daß Wasser auf übersinnliche Einflüsse reagiert. In einem Versuch hat man von zwei Wasserbehältern den einen energetisiert und dann mit beiden Sprößlinge gegossen, um festzustellen, ob das Wasser des einen Behälters bessere Ergebnisse erzielte als das des anderen. Das energetisierte Wasser verursacht immer ein schnelleres und gesünderes Wachstum der jungen Pflanzen.
Und wie energetisiert man Wasser? Es ist dazu nichts weiter nötig, als den Behälter in den Händen zu halten, um ihm Energie zuzuführen. Bloßes Anschauen des Wassers kann dasselbe bewirken. Wenn man Pflanzen zum Wachsen bringen kann, indem man sich auf das Wasser konzentriert, warum nicht dann auch diese Technik dazu benützen, Geschwüre aufzulösen, das Drüsensystem anzuregen oder das Gehirn zu klären!

ÜBUNG

Die Energie von Trinkwasser umwandeln

- Nehmen Sie aus einem Glas einen kleinen Schluck Wasser, um den Geschmack festzustellen.
- Legen Sie dann Ihre Hand über das Glas, um zu prüfen, ob Sie irgendetwas spüren können. Enthält es viele Mineralien oder ist es mit Chlor oder Strahlungen belastet, dann werden Sie möglicherweise ein kleines elektrisches Summen spüren.
- Lassen Sie Ihre Hand auf dem Glas, bis Sie entweder einen kühlen Wind bemerken oder das Summen aufhört. Dies bedeutet, daß Sie die Energie umwandeln konnten, um sie mit Ihrer eigenen Frequenz in Einklang zu bringen.
- Trinken Sie nun einen weiteren Schluck. Sie werden feststellen, daß das Wasser anders schmeckt, meistens süßer.
- Auch Sonnenlicht beeinflußt Wasser und aktiviert seine Lebenskraft. Vielleicht wollen Sie daher Ihr Glas Wasser einen Moment in die Sonne halten, bevor Sie es leeren.

Die menschliche Wünschelrute

Durch das Flüssigsein des Wassers lernen wir, daß wir keine unbeweglichen Wesen aus Feststoffen sind, sondern eher sich wandelnde machtvolle Lebenskanäle. In der Astrolo-

gie gehören Krebs, Fisch und Skorpion zu den Wasserzeichen. Die besondere Gabe dieser Sternzeichen liegt gerade im Fluß des Elements. Die tiefsten Geheimnisse der Psyche befinden sich im Wasser, welches das Bewußtsein leitet. Es gibt kaum eine bessere Energieleitung, die wir durch unser Bewußtsein so lenken können, daß wir Gesundheit und Vitalität erhalten.
Das zusammenhängende Flüssigkeitssystem in uns kann auch Übermittler von Informationen sein, die uns mit äußeren Informationen verbindet. Indem wir unseren Körper in Gedanken mit einer Wünschelrute durchschreiten, können wir uns auf die Strömungen einstellen, die uns in der äußeren Welt umgeben. So ist es uns zum Beispiel möglich, unterirdisches Wasser zu entdecken, indem wir unser Bewußtsein der inneren Ströme mit den äußeren Strömen in Übereinstimmung bringen.
Ich habe beobachtet, daß fast jeder mit ein bißchen Übung eine Wünschelrute handhaben kann. Auch Kinder können es, sobald sie groß genug sind, die Wünschelrute zu halten. Es ist für sie sogar einfacher als für Erwachsene, einfach weil ihr intuitives fließendes Bewußtsein noch vollständig erhalten ist. Obwohl Wünschelrutengänger oft davon überzeugt sind, daß sie nur mit einer bestimmten Art von Rute arbeiten können, kommt die Fähigkeit dazu nicht durch die Rute, sondern durch den Körper. Bestimmte Wünschelruten lassen die Bewegung nur deutlicher erscheinen, so daß der Wünschelrutengänger eine eindeutigere Antwort erhält.
Wenn die inneren Wasser auf das Ziel gerichtet sind, kann der Rutengänger jede gesuchte Information erhalten, ob es sich nun darum handelt, unterirdische Leitungen, ver-

lorene Gegenstände, Menschen oder sogar Blockaden im eigenen Körper zu finden. Viele Menschen benutzen über ihrem Körper ein Pendel, um Aufschluß über ihren Energiefluß zu erhalten. Man kann sehen, wie weit der energetische Fluß der Aura vom Körper entfernt ist, indem man das Pendel in verschiedene Entfernungen vom Körper hält, bis es mit der Energie der Aura ausschlägt.

Ich habe das Pendel oft dazu benutzt, zu zeigen, wie das aurische Feld im Bereich des Halses regelrecht mit seiner Schwingung aufhört, wenn jemand raucht. Dabei ist mir klar, daß es bei dem Bedürfnis weiterzurauchen, nicht viel hilft zu wissen, wie schädlich es ist. Es ist sehr beeindruckend zu sehen, wie das Pendel vor dem Hals stillsteht, wenn Rauch in die Lunge geatmet wird. Zumindest eröffnet es eine interessante Diskussion über das, was wir im Inneren festhalten, und ob es sich auch lohnt, dies zu tun.

Das Pendel reagiert auf das Leben, auf die Bewegung und den Puls elektromagnetischer Ströme, die uns über die Qualität der Lebenskraft in und um uns herum informiert. Das elektrische Potential der Organe und Systeme des Körpers wird durch die Flüssigkeit aufgeladen, die dieses Potential zu den Zellen tragen soll. Deswegen ist der energetische Aspekt des Wassers so wichtig. Wenn Sie gesund und alterslos sein wollen, müssen Sie das Wasser, die Quelle des Lebens, in Ihren Körper hineinlassen, damit es Sie verjüngen und regenerieren kann.

Kapitel 5:

Den ALTERSLOSEN KÖRPER nähren

Die Nahrungsmittel, die wir zu uns nehmen, sind nicht nur wichtig, weil sie unseren physischen Körper unterstützen. Sie beeinflussen uns auch auf emotionaler, spiritueller und psychischer Ebene.

Wir haben heutzutage Zugang zu einer endlosen Informationsfülle über Ernährung. Die meisten Menschen können keinen Qualitätsunterschied ausmachen zwischen dem, was die Werbung ihnen anpreist, und den elementaren Wahrheiten ihres Körpers. Wir meinen, Kinder müßten essen, um zu wachsen. Und wenn man einmal groß ist, esse man nur noch zu seinem Vergnügen. Deshalb essen wir zu viel und auch nicht das richtige.

Essen und emotionaler Hunger

In der Kindheit lernen wir das Gefühl, geliebt zu werden, mit dem Genährtwerden zu assoziieren und essen leider später im Leben aufgrund dieses emotionalen Bedürfnisses zu viel. Wenn wir erwachsen werden, müssen wir uns selbst ernähren, behalten aber unsere kindlichen Eßgewohnheiten bei. Wir essen aus Trotz, um uns zu trösten und mit Übergewicht zu wappnen. Das Essen hat nur noch selten etwas mit den wahren Bedürfnissen unseres Körpers zu tun, dessen Botschaften wir meistens überhören.

Der Körper weiß, welche Nahrungsmittel er braucht, um in gesundem und alterslosem Zustand zu verweilen. Man hat sich in der Ernährungswissenschaft mehr Gedanken über Stoffe gemacht, die unserem Körper schaden, als über diejenigen, die für das spezielle Gleichgewicht des einzelnen notwendig sind. Obwohl der menschliche Organismus ein auf das Individuum übertragbares Reaktionssystem hat, ist doch jeder einzelne Körper einmalig. Was für den einen Körper normales Essen ist, kann bei dem anderen Schädigungen verursachen. Es kann zwar niemand Harnsäure verwandeln, jedoch bekommt deshalb noch lange nicht jeder Arthritis. Es gibt Menschen, die morgens einfach kein Eiweiß verdauen können und für die es besser ist, nur Obst zu essen.

Auch ist es von Körper zu Körper verschieden, wie oft die Nahrungsaufnahme erfolgen sollte. Dem einen Körper geht es mit zwei Mahlzeiten am Tag gut, ein anderer hat zu niedrigen Blutzucker, wenn er nicht mindestens alle drei Stunden etwas zu sich nimmt. Interessante Studien haben ergeben, daß häufigere Mahlzeiten mit gleichem Kalorienwert die Insulinausschüttung beeinflussen und auf diesem Wege den Cholesterinspiegel senken können.

Sie sollten einmal eine Woche lang den Rhythmus Ihres Körpers beobachten, um seine Grundbedürfnisse kennenzulernen. Sie werden feststellen, wie oft und zu welchen

Tageszeiten Sie sich müde und vielleicht gereizt fühlen. Daraus können Sie schon sehr bald auf die für Ihren Körper geeignete Ernährungsweise schließen. Ich rate Ihnen, sich zum besseren Überblick Notizen darüber zu machen.

Dem Körper zuhören

Obwohl wir in diesem Kapitel einige Nahrungsmittel beschreiben werden, die generell den Körper eines Erwachsenen stärken, sollten Sie zuerst die Intuition entwickeln, durch die Sie die individuellen Bedürfnisse Ihres Körpers erfahren. Wahrscheinlich entscheiden auch Sie, wie die meisten Menschen, mit Ihrem Kopf, was für Ihren Körper gut sein soll. Um einen ALTERSLOSEN KÖRPER zu erlangen, müssen Sie lernen, auf ihn, und nur auf ihn zu hören. Der Körper funktioniert nach einem komplexen System der Assimilation und Kombination von Rohstoffen, aus denen er bestimmte Substanzen gewinnt, die für Ihre Gesundheit notwendig sind.
Mit hohem Kostenaufwand und unter Einsatz von kompliziertester medizinischer Technologie kann man heutzutage die individuellen ernährungsspezifischen Bedürfnisse des Körpers genau analysieren lassen. Dies kann man im Grunde genauso gut, wenn nicht sogar besser, als irgendeine Maschine selbst tun. Man muß dafür den Körper nur direkt und klar fragen, was er braucht. Er wird einem die Antwort schon geben. Konzentrieren Sie Ihre Aufmerksamkeit auf irgendein Nahrungsmittel und fragen Sie Ihren Körper: »Soll ich dies zu mir nehmen?« Er wird entweder mit Ja oder mit Nein antworten. Oder Sie werden eine

intuitive Antwort spüren, die Ihr Gefühl über das, was Ihr Körper möchte, bestätigt. Mit Hilfe Ihrer Intuition bekommen Sie Informationen, die nie falsch, leicht zugänglich und kostenlos sind.

Die Arbeit mit der Intuition ist außerordentlich wertvoll, nicht nur in bezug auf die Nahrungsmittel, die man essen sollte, sondern auch in bezug auf Spurenelemente, Vitamine und andere Zusätze, die der Körper von Zeit zu Zeit braucht. Solange die Darmflora normal funktioniert und nicht durch Streß oder ungeeignete Aktivitäten beeinträchtigt ist, muß man in der Regel Vitamine nicht extra einnehmen. Doch es gibt Zeiten, wo ein Vitaminzusatz den Körper vor zu viel Streß schützt. Deshalb frage ich meinen Körper täglich, welche Zusätze er braucht, damit er immer wieder die Gelegenheit hat, das zurückzuweisen, was ihm im Augenblick nichts nützt.

Allergien verdeutlichen wie kaum eine andere Gruppe von Krankheiten, daß unterschiedliche Körper auf ein und dasselbe Nahrungsmittel vollkommen anders reagieren können. Auch in meiner Familie haben wir alle immer das gleiche gegessen, und dennoch reagiert jedes meiner Kinder anders. Einige vertragen Eier nicht, andere »mochten« kein Getreide und so weiter. Für den ALTERSLOSEN KÖRPER ist es sehr wichtig, mit Allergien fertig zu werden, denn sie verursachen Energieverlust und eine Irritation, die wiederum eine negative Lebenseinstellung zur Folge hat. Wenn man sich dem Leben gegenüber müde und hoffnungslos fühlt, erschafft man sich die Voraussetzung für das Altern.

Da allergische Reaktionen auf Essen schon in frühester Kindheit vorkommen, ist es wichtig, daß Eltern die Nahrungsmittel, die sie ihren Kindern von Anfang an verabreichen, daraufhin überprüfen. Sie müssen gerade in diesem Punkt lernen, ihren Kindern und nicht der Schulmedizin zu vertrauen.

Wie man Nahrung testen kann

Wenn Sie dabei sind, diese intuitive Sprache für die Kommunikation mit Ihrem Körper zu erlernen, fühlen Sie sich möglicherweise nicht ganz sicher, ob Sie eine Antwort bekommen oder sie sich nur einbilden. Doch Sie können lernen, sich selbst mehr zu vertrauen, indem Sie jederzeit das Pendel zur Prüfung des für Sie geeigneten Essens benützen. Obwohl ich mein Leben lang das Pendel verwendet habe, kam ich nie auf die Idee, es auf Eßbares anzuwenden, bis ich dies bei William Teller von der Standford Universität sah.

Das war vor vielen Jahren beim alljährlichen medizinischen Edgar Cayce Symposium. Teller demonstrierte dort mit Hilfe des Pendels, daß ein und dieselbe Substanz beziehungsweise Nahrung durchaus nicht von jedem Körper gleich angenommen wird. Es wurde deutlich, daß verschiedene Körper auch ganz verschieden auf gleiche Nahrungsmittel reagieren. Dies war vor allem dann zu beobachten, wenn Nahrungsmittel Zucker oder andere chemische Substanzen enthielten.

Das Pendel ist hilfreich, um Ihnen ein konkretes Zeichen zu geben, das Ihre intuitive Wahl bestätigt, vor allem, wenn Sie gerade erst beginnen, sich mit Ihrem Körper näher zu beschäftigen. Das Pendel aktiviert die Beziehung zwischen Ihrem Nervensystem und Ihrem Körperbewußtsein. Es schlägt aus, ohne daß Sie es kontrollieren können. Es ist ein seltsames Gefühl, einen Gegenstand, der an einem Band hängt, zu halten und zu fühlen, wie er sich plötzlich von selbst in Bewegung setzt, wenn man ihn über ein Nahrungsmittel hält.

Auch Sie werden vom Gebrauch des Pendels fasziniert sein. Es wird Sie erstaunen zu entdecken, daß einige der Dinge, die Sie normalerweise essen, vom Körper heftig abgelehnt werden. Wenn Sie den Gebrauch des Pendels einmal beherrschen, dann versuchen Sie einmal, Ihre Hand als Pendel zu benutzen, indem Sie sie über das Essen halten und Ihren Körper fragen: »Soll ich das essen?« Sie werden die Antwort in Ihrer Hand halten.

Es gibt noch andere Möglichkeiten, um Nahrungsverträglichkeit und -unverträglichkeit herauszufinden.

Man sollte sich nicht nur darauf beschränken, das zu erforschen, was man nicht essen, sondern auch, was und wann man etwas essen sollte. Wichtig ist auch, welche Ergänzungen zur Nahrung der Körper wann wie oft braucht.

TEST

Nahrungsverträglichkeit auspendeln

- Kaufen oder fertigen Sie sich ein Pendel. Es ist eine nützliche Anschaffung, die Ihnen immer wieder dienlich sein wird. Also zögern Sie nicht.
- Halten Sie das Pendel über ein Nahrungsmittel und fragen Sie sich innerlich, ob es gut für Sie ist. Sie müssen die Frage so stellen, daß das Pendel sie bejahen oder verneinen kann.

- Oder führen Sie das Pendel über ein Blatt Papier, auf dem Sie alles Eßbare aufgeschrieben haben, das Sie normalerweise zu sich nehmen. Fragen Sie sich, ob Ihnen einer der aufgeführten Posten Probleme bereiten könnte. Schlägt das Pendel über einem Wort aus, so streichen Sie das betreffende Nahrungsmittel am besten für die nächste Zeit aus Ihrem Speiseplan.
- Hören Sie auf den Rat des Pendels! Aber wiederholen Sie den Test von Zeit zu Zeit, denn die Einstellung Ihres Körpers mag sich geändert haben.

Die folgende Prüfung empfehle ich für den Fall, daß Sie kein Pendel zur Hand haben.

TEST
Eßbares in der Unendlichkeitsschleife

- Machen Sie mit Ihrem rechten Daumen und Zeigefinger einen Kreis, fassen dann mit Ihrem linken Zeigefinger in diesen Kreis und berühren mit ihm die Spitze des linken Daumens. Jetzt haben Sie zwei ineinandergreifende Kreise.
- Fragen Sie nun im Geiste, ob Ihnen etwas gut tut, und stellen Sie sich vor, daß Sie die beiden Kreise auseinanderziehen, um sie voneinander zu trennen.
- Wenn die Antwort »Ja« ist, werden sie sich

nicht trennen lassen, auch wenn Sie sich große Mühe geben.

- Ist die Antwort Nein, können Sie sie auseinanderziehen.
- Versuchen Sie es!

Kindern muß man einen mehr spielerischen Weg anbieten, daher ist es auch kein Wunder, daß der folgende Test meinem Sohn Bapu der liebste ist.

TEST

Nahrungsverträglichkeit bei Kindern prüfen

- Lassen Sie Ihr Kind seinen rechten Arm mit nach unten zeigender, geballter Faust in die Waagerechte ausstrecken.
- Befehlen Sie dem Arm Ihres Kindes, »Widerstand zu leisten«, und versuchen Sie dann, seinen Arm auf der Höhe des Handgelenkes nach unten zu drücken.
- Manchen Sie diesen Widerstandstest zunächst einmal »trocken«, um festzustellen, wieviel Kraft in dem Arm steckt.
- Dann geben Sie Ihrem Kind irgendein Nahrungsmittel in die linke Hand und fragen es, ob diese Substanz gut ist oder nicht.
- Ist sie gut für den Körper Ihres Kindes, dann wird der Arm auf den Druck hin kaum nachgeben.
- Doch wenn sie schlecht ist, wird der Arm

schwach und läßt sich ganz leicht hinabdrükken.

Dieser Test eignet sich hervorragend dazu, Ihren Kindern auf kreative Weise mitzuteilen, was sie essen sollten und was nicht, ohne daß Sie ihnen ständig sagen müssen, sie sollten keine Bonbons oder ähnliches verlangen.
Auch Ihr Pulsschlag kann Ihnen genau sagen, welche Nahrungsmittel Sie bedenkenlos zu sich nehmen können, und auf welche Sie lieber verzichten sollten.

TEST
Die Puls-Methode

- Setzen Sie sich entspannt hin.
- Drehen Sie Ihren linken Arm mit der Handfläche nach oben und legen Sie die vier Finger der rechten Hand auf Ihr Handgelenk und den Daumen unter das linke Handgelenk. Sie werden dort den Puls spüren.
- Drücken Sie mit dem Mittelfinger auf den Puls und heben Sie die anderen Finger leicht ab. (Nach der chinesischen Pulsdiagnose kann man so den Puls der Leber feststellen.)
- Zählen Sie. fünfzehn Sekunden lang Ihren Pulsschlag und multiplizieren Sie ihn mit vier. Sie wissen dann, wie oft Ihr Puls in einer Minute schlägt.
- Sie sollten, bevor Sie anfangen zu zählen, den Puls einige Sekunden lang vorher spüren, um sich seinem Rhythmus anzupassen.

- Legen Sie nun ein kleines bißchen von dem zu testenden Nahrungsmittel unter Ihre Zunge. Experimentieren Sie mit Brotkrumen, denn viele Menschen vertragen, ohne es zu wissen, kein Getreide. Versuchen Sie es auch mit Käse, Zucker, Eiern oder Fleisch.
- Nachdem Sie das Essen in den Mund gesteckt haben, lassen Sie zwei Minuten verstreichen und fühlen Sie dann noch einmal den Puls.
- Wenn Sie auf eine Substanz negativ reagieren, dann wird Ihr Puls um zwanzig oder dreißig Schläge zugenommen haben.

Die Zubereitung der Mahlzeit

Essen ist nicht nur lebenswichtig wegen der Nährstoffe, die es enthält. Es beeinflußt uns, wie wir bereits gesehen haben, auch in emotionaler, spiritueller und psychischer Hinsicht. Das beste Essen, in Eile hinuntergeschlungen oder lieblos zubereitet, schafft eine unverdauliche Energie. Die Zubereitung des Essens sollte eine Darbietung an das Leben sein. Ich kann gar nicht genug betonen, wie wichtig es ist, daß Nahrung freudig zubereitet und liebevoll empfangen wird. Wenn Sie die Mahlzeit für Ihre Familie zubereiten und Ihre Gedanken noch bei den Kämpfen Ihrer täglichen Beschäftigungen sind, wird Ihre ganze Familie darunter leiden. Deswegen ist es so wichtig, daß Sie Ihre gesamte Aufmerksamkeit auf die Zubereitung des Essens lenken.

Ich empfehle Ihnen, wenn Sie nach der Arbeit nach Hause kommen, Wasser zu trinken und Ihr Gesicht zu waschen, um sich von den Problemen und Anspannungen der Arbeit zu klären. Auch wenn Sie den ganzen Tag über zu Hause gewesen sind, ist es sinnvoll, eine spezielle Stimmung zu schaffen, bevor Sie sich an die Zubereitung des Essens machen. Sie können die Dreh-Übung machen und danach einige Minuten meditieren, um sich zu konzentrieren und bei Ihrer Aufgabe zu sein. Auch Musik hilft Ihnen, in eine gebende Stimmung zu gelangen. Für viele Menschen ist Kochen, Gemüse schneiden, Anrichten oder sogar Geschirr waschen eine Art der Meditation. Dies ist tatsächlich so, wenn die richtige Einstellung da ist. Die Zubereitung und Aufnahme des Essens sollte kreativ und freudvoll sein.

Sie können jedoch noch mehr zur guten Verdauung und zum Nutzen der Nahrungsmittel beitragen. Stimmen Sie die Nahrung, die Sie selbst zu sich nehmen, auf Ihre eigenen Energien ein. Genauso wie Sie Ihr Wasser energetisieren, legen Sie Ihre Hände über den Teller und spüren die Energie.

Um diese ausstrahlenden Energien schnell zu entdecken, brauchen Sie nur Ihre Hand über etwas zu legen, das Schokolade oder Zucker enthält. Üben Sie an einem Schokoladenkuchen oder an Schokoladeneis, und Sie werden sofort ein Summen spüren, das von diesen Substanzen ausgeht.

Sie verlieren, indem Sie die Hände über Ihr Essen halten, keine Energie, sondern Sie energetisieren es auf eine Weise, die für Sie von großem Nutzen ist.

Der wöchentliche Fastentag

Über das Fasten gibt es widersprüchliche Meinungen. Einerseits gibt es keinen Zweifel, daß die toxischen Ablagerungen, die sich in unseren Organen, Geweben und Gelenkzwischenräumen befinden, zum Prozeß des Alterns beitragen. Fasten reinigt den Körper, so daß er nicht zu viel Unnützes mit sich herumschleppen muß. Wasser ist ein großer Entgifter und spielt daher bei jeder Entschlackungskur eine tragende Rolle. Doch muß man nicht unbedingt beim Fasten so streng vorgehen und nur Wasser trinken. Einen oder mehrere Fastentage einzuplanen, kann einfach nur eine Möglichkeit für den Körper sein, sich von Überladungen durch Essen, von falschen Zusammenstellungen und anderem Mißbrauch zu erholen.

Kurzes Fasten mit verstärkter Wasserzufuhr oder Säften kann dem Körper sehr guttun. Wasser mit etwas Ahornsirup und Zitronensaft eignet sich besonders gut dazu. Außer wenn ich auf Reisen bin, trinke ich einen Tag in der Woche nur frische Säfte. Mein Körper ruht sich dabei aus und wird dennoch genährt. Ich fühle mich gut dabei, und es gibt mir viel Kraft. Wenn Sie sich dazu entscheiden, geben Sie acht, daß Sie Ihre Säfte nur aus organisch angebauten Früchten und Gemüse herstellen.

Man hat festgestellt, daß ein eingeschränkter Stoffwechsel, resultierend aus einer temporär reduzierten Ernährungsweise, die Langlebigkeit erhöht. Mein einmal wöchentlicher Fastentag hilft mir, während der Woche keine großen Mahlzeiten zu mir zu nehmen. Wenn ich nur Flüssigkeit im Bauch habe, schrumpft der Magen, so daß ich mich viel schneller satt fühle.

Die richtige Ernährung

Immer wieder werde ich gefragt, welches die beste Diät für den ALTERSLOSEN KÖRPER sei und ob man dafür Vegetarier sein sollte oder nicht. Jeder Körper ist jedoch so einzigartig, daß Sie selbst feststellen sollten, welche Art zu essen für Sie am sinnvollsten ist. Je früher Sie damit für sich und Ihre Kinder beginnen, umso gesünder werden Sie alle sein. Es gibt Körper, die in bestimmten Phasen etwas Fleisch benötigen, während andere durch die Einnahme von Fleisch schrecklich aus dem Gleichgewicht gebracht werden können. In der wirklich gesunden Ernährung gibt es keinen Dogmatismus.

Was man gerne ißt, hängt sehr stark von den emotionalen und sozialen Gewohnheiten ab. Global gesehen, ist es klar, daß die Menschheit aufhören sollte, Fleisch zu essen, weil das wertvolle Land, auf denen Tiere grasen, viel sinnvoller für den Anbau von Getreide und Heilpflanzen verwendet werden könnte. So würde man genug Nahrung produzieren, um die ganze Welt zu ernähren, und den Hunger endlich aus der menschlichen Erfahrung verbannen. Wir sollten in dieser Hinsicht intelligenter handeln und uns als kollektive Gruppe ernähren.

Ich könnte mir vorstellen, daß man in der Zukunft größeren Wert auf Flüssignahrung, angereichert mit lebensenergetischen Elementen, legen wird. Sie selbst können dem schon vorgreifen, indem Sie Zitronenwasser zum Essen trinken. Zitronensäuren helfen der Leber, den Körper zu reinigen, und sie sind die natürliche Quelle bioelementaren Lithiums.

Es ist nicht besonders gesund, Gekochtes und Totes zu essen. In einem verarbeiteten Protein, dessen Moleküle

durch das Kochen verändert wurden, sind weniger Aminosäuren enthalten, die der Körper in die benötigten Enzyme und Hormone verwandeln kann. Wir haben das »synergetische« Denken der Natur noch immer nicht voll verinnerlicht. Jedes Nahrungsmittel hat verschiedene Eigenschaften, die zusammenwirkend Lebenskraft spenden. Wenn wir unser Essen verändern, also kochen oder braten, zerstören wir nicht nur einige wichtige Elemente, sondern wir beeinträchtigen auch ihr Zusammenspiel.
Wichtig ist natürlich auch die Qualität der Nahrungsmittel. Alles Fleisch, was wir heutzutage in Supermärkten kaufen, ist voller Wachstumshormone, Antibiotika und anderer Chemikalien, die man an unter vollkommen unnatürlichen Bedingen gemästete Tiere verfüttert. Die Angst der Tiere beim Schlachten und das Adrenalin, welches dann in das Muskelgewebe strömt, hat sicherlich auch etwas mit unserer eigenen alltäglichen Angst zu tun. Das kann für unseren Körper nicht gut sein. Auch in dem Gemüse, das wir zu uns nehmen, steckt die Gefahr anorganischer Düngemittel und anderer giftiger Präparate. Die Leber ist nicht in der Lage, diese Stoffe aufzulösen, so daß sie sich in unserem Körper ablagern.
All dies macht es notwendig, Nahrungsmittel nicht nur aufgrund ihres äußerlichen Erscheinungsbildes zu beurteilen. Eine wunderschöne Karotte voller giftiger Stoffe hat nichts mehr mit der ursprünglichen Karotte zu tun. Sie müssen hier wirklich nur auf Ihre Intuition vertrauen.
Der ALTERSLOSE KÖRPER braucht »lebendige« Nahrung. Wenn Ihnen Ihr Körper wirklich wichtig ist, sollten Sie Ihre Ernährung so strukturieren, daß wenigstens ein Drittel Ihrer Nahrung »lebendig« ist. Das können Sie

schon erreichen, indem Sie jeden Tag Sprossen essen und frische Säfte trinken. Jede Stadtwohnung sollte eine Schale mit frischen Sprossen auf dem Tisch stehen haben.

Empfehlenswerte »neue« Nahrungsmittel

Es gibt eine faszinierende Ansammlung neuer Produkte und Supernahrungsmittel, die dem Körper helfen, sich seine Alterslosigkeit zu erhalten. Im Folgenden möchte ich einige von ihnen, die ich für besonders empfehlenswert halte, vorstellen.

Blaugrüne Mikroalgen (Spirulina)

Eines meiner Lieblingssupernahrungsmittel sind die blaugrünen Algen. Sie sind ein Mikroorganismus von unvergleichlicher Bedeutung für die Zukunft der Menschheit.
Mikroalgen sind ein vollständiges Nahrungsmittel, das alle wesentlichen Aminosäuren für die Eiweißsynthese und die Produktion von Hormonen und Enzymen enthält. Aminosäuren sind auch Bausteine der synaptischen Mittler, die für ein gut arbeitendes Gehirn zuständig sind. Sie sind außerordentlich wichtig, da einer der schlimmsten Nebeneffekte des Alterns der Verlust des Gedächtnisses und der geistigen Klarheit ist.
Mir gefällt auch, daß diese Algen Millionen von Jahren auf diesem Planeten gelebt haben und sich durch alle atmosphärischen Wandlungen der Erde hindurch angepaßt haben. Sie wuchsen auf der Oberfläche des Wassers und entwickelten Betakarotin, um sich vor der immensen Strahlung zu schützen. Da unsere Ozonschicht dünner wird und

wir durch den Umgang mit radioaktiven Substanzen inzwischen auch Schutz vor Strahlungen brauchen, können uns diese Meeresalgen immens helfen.
Betakarotin vermag uns auch jetzt vor Strahlung und anderen atmosphärischen Verunreinigungen, die unsere Gesundheit angreifen, zu schützen. Es wirkt hervorragend gegen Tumore und bekämpft eine ganze Reihe von Karzinogenen, die unseren Körper durch die Umweltverschmutzung angreifen. Eine wichtige Eigenschaft der blaugrünen Algen ist auch ihre hohe Konzentration an Chlorophyll. Chlorophyll ähnelt dem Hämoglobin der roten Blutkörperchen, die unsere Körper nähren.
Blaugrüne Mikroalgen haben »weiche« Zellwände und können deshalb vom Körper leicht verdaut werden. Es scheint so viel klüger, den Körper gleich mit Aminosäuren zu versorgen, anstatt ihm Proteine zu geben, die er erst in Aminosäuren verwandeln muß.
Wenn ich mit meinen Kindern reise, habe ich immer blaugrüne Algen dabei, so daß wir, ganz gleich, wo wir uns befinden, die Nahrung bekommen, die wir brauchen. Wir mögen sie in Form von kleinen geschmackvollen Tabletten, aber es gibt sie auch in Kapseln oder als Pulver.
Sie sollten langsam mit der Einnahme dieses erstaunlichen Nahrungsmittels beginnen. Wenn Sie zuviele blaugrüne Algen auf einmal nehmen, werden Sie einen heftigen Entgiftungsprozeß in Gang setzen. Nehmen Sie deshalb kleine Mengen, die Ihnen viel Energie geben, ohne den Körper zu schnell zu reinigen.

Meeresgemüse

In Japan ist der hohe Nährwert von Meeresgemüse bereits lange anerkannt, deshalb sind seine Arten auch hauptsächlich unter japanischen Namen erhältlich. Die bekanntesten sind Wakame, Kombu, Nori, Arame, Hiziki und Dulse. Sie haben eine entgiftende Wirkung und binden durch Alginsäure radioaktive Substanzen und Schwermetalle und helfen, sie als unlösliche Verbindungen aus dem Körper auszuscheiden. Meeresgemüse enthält außerdem wichtige Vitamine, Eisen, Eiweiß, Mineralien und vor allem viel Calcium. Für die Aufrechterhaltung der Schilddrüsenfunktion ist der hohe Jodgehalt bedeutsam. Natürliches Jod schützt außerdem vor dem radioaktiven Isotop Jod 131.

Einer der Hauptgründe, warum ich Meeresgemüse esse, findet sich in seiner Fähigkeit, Fett- und Schleimansammlungen aufzulösen. Auch mein Körper hat die Eigenschaft, Fett zu speichern. Deshalb unterstütze ich ihn mit denjenigen Substanzen, die ihm helfen, diese ungewollten Ablagerungen aufzulösen.

Bierhefe

Bierhefe unterstützt den ALTERSLOSEN KÖRPER wunderbar. Manche Menschen haben Angst davor, weil sie von den Pilz- und Hefepilzinfektionen gehört haben, die heutzutage ein Problem darstellen. Bierhefe jedoch hat damit nichts zu tun und ist ein ganz anderer Organismus. Wenn Sie jedoch für Candidose anfällig sind, empfehle ich, daß Sie zunächst Ihren Körper befragen, bevor Sie Bierhefe zu sich nehmen.

Der deutsche Arzt Holger Metz hat nachgewiesen, daß Bierhefe viele Vitamine der B-Gruppe enthält und daher

gegen Hautrötungen, Haarverlust und Blutkrankheiten vorbeugend wirkt. Sie beschützt uns ebenfalls vor Umweltgiften wie Schwermetallen, Kohlenmonoxyd und DDT.
Es wäre eine Schande, Bierhefe zu verdammen, denn sie versorgt den Körper mit Aminosäuren und also mit dem nötigen Eiweiß. Sie besitzt auch einen »Lebenskraftfaktor«, der den Körper anregt und einen so viel kraftvoller macht. Wenn Sie Probleme mit Ihrem Blutzuckerspiegel haben, wird Ihnen Chrom in der Bierhefe helfen.
Bierhefe ist ein wunderbarer Muntermacher am Nachmittag. Wenn Sie sie in Wasser oder Saft geben und trinken, werden Sie nach zehn oder fünfzehn Minuten das Ergebnis verspüren. Auf das Essen gestreut, hilft sie, das Gleichgewicht der Nährstoffe, die der Körper aufnimmt, zu erhalten. Dies ist vor allem bei vegetarischen Eßgewohnheiten sehr wichtig. Sie müssen jedoch Kalzium und Magnesium dazunehmen; denn die Hefe besitzt viel Phosphor, das im Stoffwechselprozeß Calcium und Magnesium verbraucht. Nehmen Sie am Anfang einen halben Teelöffel voll und verteilen Sie nach einiger Zeit zwei Teelöffel über den ganzen Tag.

Luft – der wichtigste »Nährstoff«

Wir haben schon gesehen, wie wichtig Sauerstoff für den Körper ist, und es wird Ihnen nicht schwerfallen, sich vorzustellen, daß Sie allein mit dem Atem viel tun können, um sich einen ALTERSLOSEN KÖRPER zu bewahren. Vielleicht haben Sie sich nie Gedanken darüber gemacht, welche Bedeutung die Luft als »Nahrung« für Sie hat. Und dennoch sagen der Rhythmus und die Qualität Ihres Atems viel über Ihren emotionalen und psychischen Zustand aus. Bewußtes Atmen kann Sie von Grund auf ändern, indem es Ihrem erschöpften Körper Energie zuführt und Ihre inneren Organe sanft massiert.

Die Lunge läßt sich in drei Bereiche aufteilen, in die hinein mit unterschiedlicher Intensität geatmet wird. Die meisten Menschen atmen nur in den obersten, den Schlüsselbeinbereich und haben einen schnellen, flachen statt eines gleichmäßig tiefen und langsamen Atemrhythmus.

Oft sind es das Geburtserlebnis und seine Folgen, die verhindern, daß ein Mensch lernt, in alle drei Bereiche – Schlüsselbeinregion, Brustraum und in den Bauch – zu atmen. Aber selbst wenn dies erfolgt, ist es wichtig, dem Ausstoßen der Luft die gleiche Bedeutung beizumessen, wie dem Einsaugen, denn mit dem Ausatmen verlassen Stoffe den Körper, die dieser nicht mehr braucht, und die ihn sonst vergiften würden. Vielen Menschen fällt wirklich gründliches Ausatmen schwer. Wir wollen sehen, wie dies für Sie ist.

Die machtvollste Atemübung, die ich kenne, ist jene aus dem indischen Pranayama, die »Feuer-Atem« genannt wird. »Prana« steht im Sanskrit für jene Lebensenergie, die man durch das Atmen aus der Luft zieht. Ich mache die Feuer-Atem-Übung jeden Morgen, um die verbrauchte Luft aus meinem Körper zu lösen und frische, energetisch aufgeladene einzulassen. Erproben Sie, welche Wirkung die Übung auf Sie hat.

ÜBUNG

Feuer-Atem

- Setzten Sie sich mit geradem Rücken in den Schneidersitz oder auf einen Stuhl. Es ist wichtig, daß Ihre Wirbelsäule senkrecht ausgerichtet ist, damit die Energie ungehindert an ihr entlang hinauf- und hinabfließen kann.
- Betonen Sie den Prozeß des Ausatmens, konzentrieren Sie sich dabei auf das Geräusch, das Sie dabei machen, und auf das Ausatmen durch die Nase.
- Stellen Sie sich vor, Sie seien eine Dampflokomotive. »Schnauben« Sie die Luft kraftvoll, aber langsam aus sich heraus. Sie brauchen anfangs wahrscheinlich ein Taschentuch in der Nähe, da Sie viel Schleim absondern werden.
- Beschleunigen Sie dann Ihren Atem bis zum Maximum, werden Sie wieder langsamer, bis Sie schließlich für eine Weile ganz aussetzen. Jetzt können Sie fühlen, wie der Atem Ihr Zwerchfell hinunterdrückt.
- Während Sie für eine Weile aussetzen, spannen Sie den Schließmuskel an. Dies wird Ihre Scheidenmuskulatur kräftigen und Druck auf einen wichtigen Akupunkturpunkt ausüben, damit die durch den Atem angesammelte Energie nicht wieder aus Ihrem Körper fließt, sondern vielmehr höhere Körperzonen erreicht.
- Wenn Sie die Luft nicht mehr länger anhalten

können, nehmen Sie ein paar normale Atemzüge, und beginnen Sie die Übung von vorne.

- Beim zweiten Durchgang konzentrieren Sie sich mehr darauf, den Atem tief in Ihren Bauch zu schicken.
- Stellen Sie sich vor, wie Sie die Lebensenergie »Prana« aufnehmen und alle Organe damit »durchspülen«.
- Wiederholen Sie den Zyklus anfangs bis zu dreimal. Sie werden überrascht sein, wie sehr Sie sich erfrischt und aufgeladen fühlen.

Der Atem ist ein wichtiger Vermittler zwischen der Welt des Körpers und jener spirituellen, geistigen. Auch zum Emotionalkörper hat er eine äußerst enge Verbindung. Wenn Sie bereit sind, wirklich bewußt zu atmen, dann werden Sie dadurch Ihrem Körper eine klare Botschaft schicken, die ihm sagt, daß Sie entschlossen sind, Ihr Leben im ALTERSLOSEN KÖRPER ganz und gar auszukosten.

Das Immunsystem unterstützen

Kaum etwas ist für den Fortbestand eines gesunden und vitalen Körpers von größerer Bedeutung als das Immunsystem. Es umfaßt das lymphatische System, im gesamten Organismus verteilte Leukozyten und Zellen des Monozyten-Makrophagen-Systems, Brustdrüse, Milz, Ductus, Knochenmark und etliche chemische Substanzen wie Hormone, Antikörper und andere wichtige Abwehrstoffe. Die Brustdrüse teilt den weißen Blutkörperchen, den T-Zellen mit, wen und wann sie angreifen sollen. Ist die Brustdrüse jedoch schwach und krank, dann kann es vorkommen, daß die T-Zellen sich nicht gegen Viren, Bakterien oder Krebszellen wenden, sondern die eigenen Körperzellen attackieren.

Abnehmende Abwehrkräfte sind ein deutliches Zeichen fortschreitenden Alterns. Mit Nahrungszusätzen wie Vitaminen, Mineralien, Spurenelementen und Aminosäuren läßt sich jedoch die natürliche Schrumpfung der Brustdrüse und damit das Schwächerwerden des Immunsystems einschränken.

Nicht nur Nahrungszusätze helfen den Prozeß verzögern, auch Knoblauch, Ingwer, Ginseng und Bienenpollen vermögen einen wichtigen Beitrag zu leisten.

Die Akupunktur ist jedoch einer der wirkungsvollsten Methoden, um das Immunsystem zu unterstützen. Ursprünglich war die Akupunktur reine Präventivmedizin, und man betrachtete die Therapie als gescheitert, wenn die behandelte Person tatsächlich krank wurde. Denn ist das Meridiansystem ausgeglichen und kann das Ch'i gleichmäßig durch den gesamten Körper fließen, dann ist der Körper stark genug, sich selbst gegen alle Angriffe von außen zu verteidigen. Die Akupunktur am Ohr ist besonders erfolgreich, weil sie Organe direkt stimuliert.

Ihr Immunsystem gibt Ihnen die Möglichkeit, die Beziehung zu Ihrem Körper neu zu überdenken, denn kein Körpersystem ist in der modernen Zeit so belastet und bedarf Ihrer Aufmerksamkeit so uneingeschränkt. Die meisten Menschen leben in Ihren Körpern, ohne sie je bewußt wahrzunehmen. Krebs, Aids und Strahlensyndrom haben letztlich nur eine Aufgabe: Sie sind Aufforderung zu mehr

Körperbewußtsein. Diese furchteinflößenden Krankheiten haben gemeinsam, daß Zellen außer Kontrolle geraten und ihre eigentlichen Aufgaben »vergessen«. Vor allem anderen ist Ihr Bewußtsein der Schlüssel zum »Gedächtnis« der Zellen, das sie schützt und in den Organismus integriert. Diese immense und offenbar weiter zunehmende Verletzlichkeit des menschlichen Körpers lenkt die Aufmerksamkeit automatisch auf die Frage nach dem Sinn unserer Existenz. Jeder, der diese Frage für sich beantworten kann, ist auch dazu in der Lage, seine Energie gezielter einzusetzen. Ein gutes Verhältnis zu unserem Immunsystem hat viel damit zu tun. Farbmeditation und die vielen anderen Übungen dieses Buches, Scannen und die Hinwendung zu den entsprechenden Organen – insbesondere der Brustdrüse und der Milz – geben Ihrem Körper ein deutliches Signal, daß Sie für ihn sorgen wollen. Erst mit Ihrem Bewußtsein kann er sein ganzes Potential entfalten.

KAPITEL 6:

Das Geheimnis der Drüsen

Das Drüsensystem ist der bedeutendste Schlüssel zu einem ALTERSLOSEN KÖRPER.

Die endokrinen Drüsen des Körpers regulieren den Stoffwechsel. Sie sind deshalb für unser Wohlbefinden und unsere Energie von wesentlicher Bedeutung. Das Drüsensystem ist der bedeutendste Schlüssel zu einem ALTERSLOSEN KÖRPER. Aus diesem System entspringen nicht nur die aktiven Säfte, die dem Körper Anweisungen für den Stoffwechsel geben, sondern es ist auch die große Schwelle zwischen den unsichtbaren Welten, aus denen das Leben entspringt, und der physischen Welt der Materie, die es ausdrückt. Die Chakras manifestieren die Lebenskraft auf energetischer Ebene, während die Drüsen die gleiche Energie auf physischer Ebene ausdrücken. Die Chakras beeinflussen die Drüsen, damit diese für einen Ausgleich der Energie, die durch den Willen gesteuert wird, sorgen. Vielleicht erstaunt es Sie, daß man bewußt oder unbewußt wählt, ob man am Leben bleibt und gesund ist oder nicht.

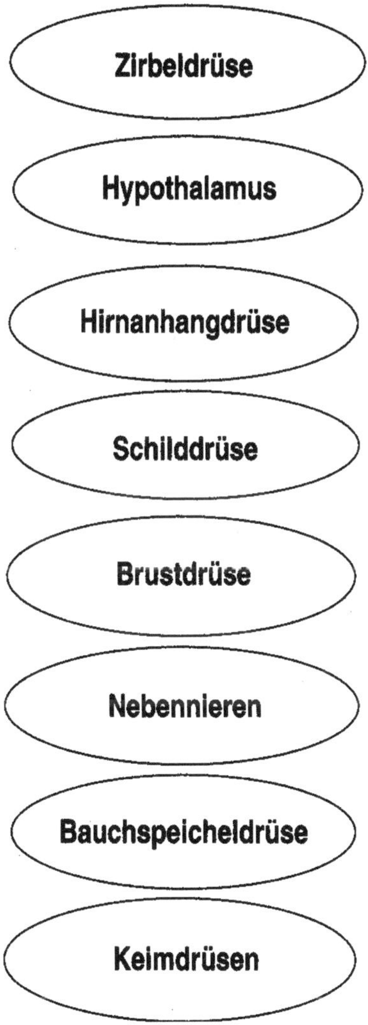

Das endokrine Drüsensystem

Wie Sie aussehen oder sich fühlen, hängt direkt mit der Energiequelle in den Chakras zusammen. Wenn Sie einen Körper ohne Alter erschaffen wollen, müssen Sie Energie in Ihren Körper hinein einladen, indem Sie sich auf die Drüsen konzentrieren.

Der Zusammenhang zwischen der Vitalität und den Drüsen weist auf eine Beziehung zwischen den einzelnen Energiequellen hin, die viel mehr bedeutet als nur die Physiologie hormonaler Ausscheidung. Die Wirkung der Hormone ist subtiler, als es die Wissenschaft auf streng biologischer Basis beurteilen kann.

Die an Hormonen reichen Säfte, die direkt in den Blutkreislauf oder in die Blutgefäße der Organe fließen, tragen Lebensenergie in den Körper hinein. Die Hormone, die durch das Drüsensystem produziert und ausgeschüttet werden, regieren im wahren Sinne des Wortes die Qualität körperlicher Funktionen und die Reaktion des Körpers auf das Leben. Solch wichtige und wesentliche Prozesse wie Wachstum und Entwicklung, Reproduktion, der Elektrolytenhaushalt, das Gleichgewicht von Wasser und Nährstoffen im Blut, die Regulierung des Zellstoffwechsels und des Energiegleichgewichts sowie auch die Mobilisierung der Abwehrkräfte unterstehen alle der Kontrolle der Drüsen.

Die Wirksamkeit hormonaler Kontrolle über den Körper wird durch wandelbare Faktoren geschmälert, welche die Funktionen der Drüsen verändern. Akute und chronische, nicht von den Drüsen bedingte Krankheiten, Zusammensetzung des Körpers, Gewicht und Ernährung, Medikamente und Drogen, die Aktivität des Nervensystems und Streß wie auch die Schlaf- und Wachzyklen und die physische

Aktivität bringen die Fähigkeit der Drüsen, dem Körper Lebenskraft abzuliefern, durcheinander.

Die von den Drüsen produzierten Hormone werden von Zellen aufgenommen, damit diese die vorgesehene Arbeit verrichten. Innerhalb dieser Zellen befinden sich Eiweißempfänger, die aktiv und wach sein müssen, um die Ausscheidungen zu empfangen. Diese Empfänger reagieren auf die Hormone, indem sie die Zelle dazu veranlassen, in Aktion zu treten und irgendeine genetisch vorbestimmte Funktion auszuführen.

Die Sensibilität dieser Rezeptoren nimmt mit dem Alter ab, auch wenn die Hormonmenge der endokrinen Drüse konstant erscheinen mag. Wenn die Chakras sich langsamer drehen, wird weniger reine Energie aus der ätherischen auf die physische Ebene vermittelt. Allmählich schließt sich der Körper aufgrund dieser Verringerung. Hier begegnen wir wieder der Geschichte des Mikrokosmos: Warum fällt die Zelle plötzlich aus dem Zusammenhang? Warum entscheidet sie, diesen »Saft« nicht zu empfangen?

Sogar auf diesen Zellebenen gibt das Unterbewußtsein den Kampf auf und dreht das Leben ab.

Genau an diesem Punkt können Sie Ihren Körper beeinflussen, indem Sie mit Ihrem Bewußtsein die Empfängnisfähigkeit der Zelle ermutigen. Wenn Sie die Zellen beauftragen, Energie aufzunehmen, werden sie durch die biochemische Botschaft angeregt werden. Sie werden das Vehikel sein, das Sie in Ihr zeitloses Stadium von Vitalität zurückbringt. Man kann Zellen Befehle erteilen, indem man sich der Energiesprache bedient. Oder man regt sie durch Visualisierung an, indem man ihnen eine Lichtfrequenz sendet. Versuchen Sie es mit der folgenden Übung.

ÜBUNG

Licht einatmen

- Schließen Sie die Augen und atmen Sie ein.
- Stellen Sie sich vor, daß die Luft aus unzähligen winzigen Pfeilen besteht, die wie kleine Stecknadeln aus Licht Ihren Körper durchdringen.
- Saugen Sie Ihren Atem mit jeder Welle aus Lichtpfeilen ein.
- Dann atmen Sie normal aus und wiederholen den Vorgang beim nächsten Einatmen.
- Saugen Sie jetzt die Luft immer kräftiger ein, mehrmals nacheinander.
- Genießen Sie die Leichtigkeit und Energie, die nun Ihren Körper durchdringt.

Obwohl es möglich ist, die Arbeit des Drüsensystems zu verändern, ohne etwas über ihr Funktionieren zu wissen, wird es Sie dennoch interessieren, herauszufinden, was die verschiedenen Drüsen für Sie tun. Dieses Wissen wird Ihnen helfen, sich auf sie zu konzentrieren und ihre Wertschätzung diesem göttlichen Instrument gegenüber, das wir Körper nennen, vergrößern. Einige von ihnen sind regelrechte Organe mit endokrinen Funktionen, während andere einfach nur Drüsen sind. Obwohl es viele gibt, werden wir uns hauptsächlich auf sieben von ihnen konzentrieren. Sie sind für die Erhaltung Ihres ALTERSLOSEN KÖRPERS maßgeblich. Die Lehre von den sieben Drüsen ist ein zentraler Bestandteil der taoistischen Medizin, ein Wissensschatz, der mich maßgeblich beeinflußt hat.

Die Keimdrüsen (Gonaden)

Die Gonaden oder Sexualdrüsen produzieren die Hormone, die den Körper dazu bringen, sich zu vermehren. Sie produzieren nicht nur die wesentlichen Stoffe – die Eizelle und den Samen –, die für neues Leben sorgen, sondern sie verursachen auch den Wunsch des Körpers, sich sexuell auszudrücken. Die Gefühle, die Sie dazu bringen, sexuelle Erfahrung zu suchen, sind nichts anderes als ein Trick des Körpers, damit er sich reproduzieren kann. Deshalb fühlen sich Frauen auch gerade während des Eisprungs besonders empfänglich für Sexualität. Und hier liegt auch die Ursache dafür, daß man Sexualität anders empfindet, wenn Fortpflanzung nicht mehr möglich ist.

Das hormonale Gleichgewicht des Mannes und der Frau hat zweifellos eine Wirkung auf den Ausdruck der Persönlichkeit. Sowohl Männer wie auch Frauen unterliegen zyklischen Gefühls- und Stimmungsänderungen, während ihre hormonalen Ausscheidungen zunehmen oder nachlassen, je nach Notwendigkeit und Rhythmus der Sexualorgane.

Inzwischen sind Totaloperationen bei Frauen ein normaler Usus der Ärzte. Leider hat man dadurch genügend Gelegenheit, die Wirkung dieses Verlustes auf der subtilen emotionalen wie auch auf der physischen Ebene zu beobachten. Frauen durchleben wegen solcher Operationen oft Anfälle von Angst oder Depression, wenn sie auch zugleich erleichtert sind, daß sie sich nun nicht mehr wegen einer Schwangerschaft sorgen müssen. Diese emotionale Reaktion sollte man nicht einfach ignorieren, denn sie stammt aus einem tief verwurzelten Aspekt des Selbst, bei

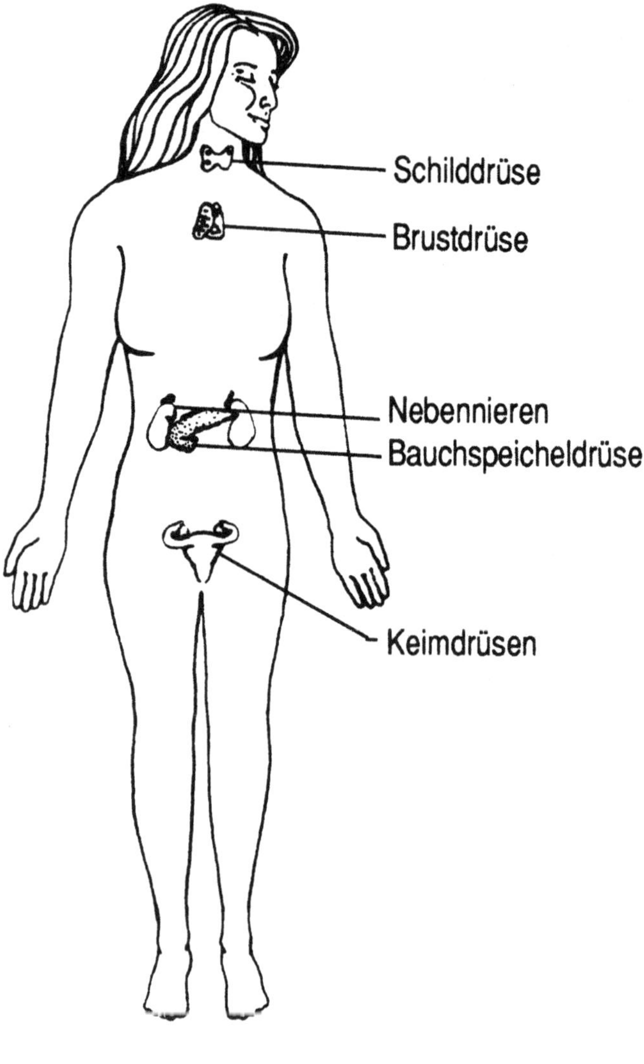

Das Drüsensystem des Rumpfbereichs

dem der Körper seine Lebenskraft mit seiner Reproduktionsfähigkeit identifiziert. Der emotionale Schock durch die Entfernung der weiblichen Geschlechtsorgane kann durch das Bewußtsein ausgeglichen werden, wenn die Frau lernt, durch Energiebotschaften, die ähnliche Funktionen erfüllen wie zuvor die Organe, mit ihrem Körper zu sprechen. Die Einnahme der entsprechenden hormonhaltigen Medikamente lindert die Symptome und verlangsamt den nach der Operation oft schnell eintretenden Alterungsprozeß. Ohne diese Hormone geht der Körper davon aus, daß es nun an der Zeit sei zu altern. Natürlich bringt dieser Hormonersatz auch wesentliche Risiken mit sich, wie etwa die Gefahr einer Krebserkrankung. Der Grund dafür liegt in der extrem schwer zu dosierenden Menge für einen sich konstant verändernden biodynamischen Organismus, wie es der Körper ist.

Die Bauchspeicheldrüse (Pankreas)

Die Bauchspeicheldrüse dient vor allem dazu, das Energiegleichgewicht durch seine Kontrolle über die Glukose oder den Blutzuckerspiegel zu erhalten. Die gegensätzlich wirkenden Hormone Insulin und Glukagon arbeiten als regulierendes Team, um das Blutzuckergleichgewicht des Körpers abzusichern. Wenn Sie Zucker zu sich nehmen, wird sofort Insulin ausgeschüttet, um die Leber davon abzuhalten, weiteres Glykogen in Glukose zu verwandeln. Die Zuckerenergie wird jedoch sehr viel schneller abgebaut als das Insulin, so daß es etwa nach zwei Stunden zu einem Abfall des Blutzuckerspiegels kommt und man Irritabilität

und Schwäche fühlt, die durch den niedrigen Blutzuckerspiegel verursacht werden.
Wenn der Körper zu altern beginnt, fällt man in die Versuchung, größere Zuckermengen – auch durch Alkohol – zu konsumieren, um die Müdigkeit des Körpers auszugleichen. Dies ist jedoch ein tragischer Fehler, denn eine übermäßige Aufnahme von Zucker belastet die Bauchspeicheldrüse. Man gerät langsam in eine äußerliche Abhängigkeit vom Zucker, was die Mechanismen, welche die Körperenergie regulieren, erschöpft. Hinzu kommt, daß der normale Zucker eine langanhaltende Ausschüttung von Insulin in den Blutkreislauf verursacht. Man weiß inzwischen, daß ein Mangel an Insulin Arteriosklerose fördert. Es unterbricht aber auch die Aktivität des Immunsystems, indem es die Ausschüttung des Wachstumshormons unterdrückt. Da die Zirbeldrüse in den ersten anderthalb Stunden Schlaf einen großen Teil ihres Wachstumshormons freigibt, sollte mehrere Stunden vor dem Zubettgehen kein Zucker mehr gegessen werden, damit das Wachstumshormon, welches das Immunsystem dazu veranlaßt, Bakterien und Viren zu bekämpfen und die Zellen zu reparieren, nicht eingeschränkt wird.

Die Nebennieren (Glandulae suprarenales)

Sie sind zwei kleine Drüsen am oberen Pol der Nieren. Sie produzieren in der Nebennierenrinde über vierzig Steroide beziehungsweise Kortikoide. Das innere Mark ist funktionsmäßig Teil des Nervensystems und unterstützt unsere Reaktion auf Streß. Unsere »Flucht-und-Kampf-Reaktion« auf Streßmacher wird durch die Nebennieren unterstützt und verlängert. Obwohl dies zur Zeit der Höhlenmenschen wohl viel unmittelbarer geschah, sind unsere Nebennieren heute überarbeitet, weil wir heute in so vielen Aspekten unseres Lebens in emotionaler und mentaler Hinsicht regelrecht angstsüchtig sind. Wir gestatten uns schrecklich viel Zorn, was die Nebennieren dazu veranlaßt, gefährlich oft zu reagieren. Ein rauher Hals, Herzklopfen, Schwitzen, angespannte Nervosität sind nur einige der Nachteile des Nebennierenstresses. Viel wichtiger ist der Zusammenhang zwischen der Erschöpfung der Nebennieren und einem geschwächten Immunsystem. Wenn die Nebennieren Überstunden machen, weil mentaler und emotionaler Körper das Leben als einen einzigen Notfall ansehen, kann der Körper sich einfach nicht so gut schützen, wie er es sollte, weil seine Energie durch Überreaktion erschöpft wird. Daran kann man sehen, wie wichtig es ist, das Leben statt aus der Notfallperspektive von einem stillen Aussichtspunkt her zu beobachten. Dies könnte viel zu einem langen und friedlichen Leben beitragen. Wenn Ihr Bewußtsein Ihrem Körper dies zum Ziel setzen könnte, würden Sie den ALTERSLOSEN KÖRPER unterstützen.

Die Brustdrüse (Thymus)

Ich habe die Brustdrüse miteingeschlossen, da ich der Meinung bin, daß wir ihre Wirkung auf unser allgemeines Wohlbefinden, bei weiterem Studium der Körperfunktionen, zu schätzen lernen werden. Der Thymus ist die Meisterdrüse unseres Immunsystems und muß deswegen äußerst aufmerksam betrachtet werden, denn unser Im-

munsystem leidet in der heutigen Welt unter großer Belastung. Die Brustdrüse weist bestimmte weiße Blutzellen, T-Zellen genannt, an, Milliarden von eindringenden und zerstörerischen Feinden wie Viren, Pilze und Krebszellen zu bekämpfen. So ist sie also für die Entwicklung unserer Immunreaktion verantwortlich. Dennoch beginnt der Thymus nach der Pubertät zu schrumpfen, wodurch der Körper immer weniger Fähigkeit besitzt, auf äußere Bedrohungen zu reagieren. Mit fortschreitendem Alter sind die T-Zellen möglicherweise nicht mehr in der Lage, zwischen feindlichen und körpereigenen Zellen zu unterscheiden. Dies geschieht bei autoimmunen Krankheiten, wie etwa Arthritis. Man kann den Thymus reaktivieren, indem man bestimmte Nährstoffe einnimmt, wie zum Beispiel die Vitamine C, A, E, das Mineral Zink, das Spurenelement Selen und die Aminosäure L-Zystein. Besprechen Sie dies mit Ihrem Arzt oder Ernährungswissenschaftler bezüglich der Dosis der einzelnen Stoffe.
Die Brustdrüse beeinflußt das Wohlbefinden. Östliche Heiler empfehlen, täglich oberhalb des Brustbeins auf die Brust zu klopfen, um den Thymus regelmäßig zu stimulieren. Legen Sie die Finger zusammen und klopfen Sie mehrmals auf den Teil unter Ihrem Schlüsselbein, rechts von Ihrem Brustbein.

Die Schilddrüse und Nebenschilddrüsen (Glandula thyroidea und Glandulae parathyroidae)

Die Schilddrüse ist eine der größeren Drüsen im Körper. Sie schüttet die zwei Schilddrüsenhormone Trijodthyronin

und Tetrajodthyronin aus. Die Schilddrüse regiert die Energie des Körpers durch ihre Kontrolle der Stoffwechselprozesse.
Tatsächlich beeinflussen die Schilddrüsenhormone jede einzelne Zelle des Körpers, mit Ausnahme der Schilddrüse selbst, des erwachsenen Gehirns, der Milz und der Keimdrüsen. Wenn Sie Ihre volle Energie genießen wollen, müssen Sie auf Ihre Schilddrüse achten.
Die Nebenschilddrüsen sind ein Paar winziger Drüsen, die hinter der Schilddrüse eingebettet sind. Sie haben die hauptsächliche Kontrolle über das Calciumgleichgewicht im Blut, indem sie Parathormon ausschütten. Das Calciumgleichgewicht hängt mit dem prämenstruellen Syndrom wie auch mit der Aktivität des Nervensystems zusammen. Es wirkt auf die Menge ionischen Calciums, indem es das Knochengerüst, die Nieren und den Darm stimuliert. Die Nervenimpulse, Muskelkontraktionen und Blutgerinnungsmechanismen hängen von der präzisen Kontrolle des ionischen Calciums ab.

Die Hirnanhangdrüse (Hypophyse)

Sie ist eine wahre Meisterin innerhalb Ihres Körpers. Ihr Hypothalamus beeinflußt den Hypophysenvorderlappen, der bestimmte Steuerungshormone ausscheidet, die wiederum andere Drüsen zur Hormonbildung veranlassen. Dieser Hypophysenvorderlappen ist für uns von Bedeutung, denn er schüttet das Wachstumshormon aus, welches beim jungen Menschen das Längenwachstum der Knochen und die Zunahme der Muskelmasse anregt. Das Wachstumshor-

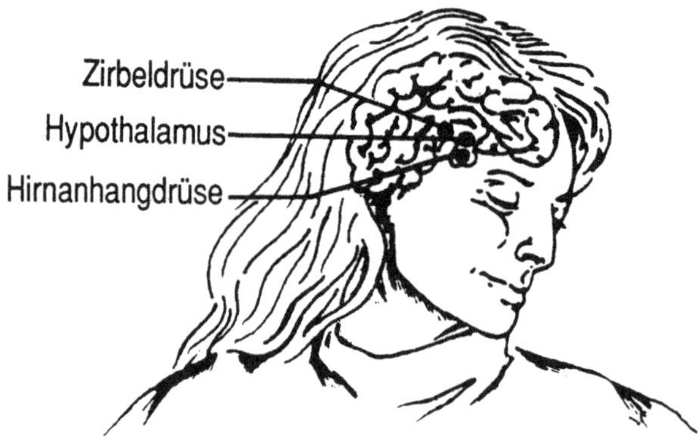

Das Drüsensystem des Kopfbereiches

mon handelt nach dem Motto: Muskeln bilden, Fett verbrennen. Mit Mitte Zwanzig läßt das Wachstumshormon nach, was dazu führt, daß viele von uns zunehmen. Das kommt daher, daß das Wachstumshormon die Zellen dazu bringt, Fett als Brennstoff zu verwenden, um die Glukose zu erhalten und die Proteinsynthese zu fördern. Wenn es abnimmt, wachsen die Fettreserven. Auch wenn Sie sich viel bewegen, scheint Ihr Körper das Fett nicht mehr zu verbrennen. Das Wachstumshormon hat aber noch andere wichtige Aufgaben. Es erhält das homöostatische Niveau der Blutglukose, indem es die Aufnahme und den Stoffwechsel der Glukose einschränkt. Für diejenigen, die auf

geistiger Ebene viel Energie aufwenden, ist dies von besonderer Bedeutung, denn der Körper muß den Energiehaushalt dafür unter Rücksichtnahme auf seine physischen Notwendigkeiten ausgleichen.
Die Hypophyse schüttet eine ganze Menge weiterer Steuerungshormone aus, welche die Kontrolle über unzählige Funktionen bestimmen, wie zum Beispiel die Regulierung der Gonaden und ihre vielseitigen Fortpflanzungsfunktionen. Außerdem wacht sie über die Produktion von Urin, über den Wasserhaushalt und steuert die Ausschüttung des Schilddrüsenhormons, das durch die Schilddrüse produziert wird.

Der Hypothalamus

Obwohl der Hypothalamus selbst keine Drüse ist, ist er sozusagen der Chef des endokrinen Systems. Man könnte den Hypothalamus ein neuroendokrines Organ nennen, denn er kontrolliert das autonome oder unbewußte Nervensystem. Die Tätigkeit des Hypothalamus ist für den Zustand inneren Gleichgewichts des Körpers von Bedeutung. Er übt die Kontrolle über einige körperliche Funktionen aus, wie den Wasser- und Temperaturhaushalt, und ist auch das integrierende Zentrum für die biologischen Rhythmen und Emotionen. Da er eine solche Kontrollfunktion über die Hypophyse innehat, werden wir ihn später in unsere Drüsenmeditation miteinschließen, damit der Energiefluß vollständig integriert ist.

Die Zirbeldrüse (Epiphyse)

Vom Dach des Hirnventrikels hängt, wie eine Fledermaus, die geheimnisvolle Epiphyse, die in der Dunkelheit ihrer eigenen Höhle das Licht durch die Zellen der Netzhaut wahrnimmt. Sie reagiert auch empfindlich auf schwache elektromagnetische Felder, solche, wie sie eben von elektrischen Geräten verursacht werden. Alle, die mit solchen Geräten arbeiten, sollten sich den Zusammenhang zwischen diesen schwachen elektromagnetischen Feldern und der Zunahme von Krankheiten wie Krebs und Leukämie bewußt machen.

Die Zirbeldrüse bestimmt zusammen mit der Hirnanhangdrüse die Energiefrequenz, die auf subtiler wie auch auf physiologischer Ebene zur Verfügung steht. Sie dirigiert das körperliche Bewußtsein der zyklischen Veränderungen zu verschiedenen Zeiten. Es ist wunderbar festzustellen, daß wir einige der Vorteile aus unserem animalischen Erbe bewahren konnten, denn wir haben noch die Fähigkeit, uns auf äußerst subtile Information einzustimmen, was im Zusammenspiel mit der Natur so wichtig ist. Wenn sich die Wetterverhältnisse in der Zukunft vielleicht radikal wandeln, werden wir diese Fähigkeit noch höher einzuschätzen wissen.

Die Zirbeldrüse ist, so könnte man sagen, wie eine innere Uhr, die den Körper bei Tag und Nacht und über die Zeit in diesem Leben auf dem Laufenden hält. Dieser Punkt ist für uns wichtig, wenn wir versuchen wollen, das Langzeitprogramm unseres Körpers neu festzulegen, um den Alterungsprozeß zu hemmen. Die Epiphyse reagiert sensibel auf Licht und Dunkelheit und berichtet den Körperzellen, in welcher Tages- oder Jahreszeit wir leben. Deshalb hängen viele ihrer Funktionen direkt mit dem Altern zusammen. Die Epiphyse scheidet zum Beispiel das Hormon Melatonin aus, welches den Hypothalamus davon abhält, Gonadotropine produzierende Stoffe auszuschütten, durch welche die Reifung der Sexualorgane in Gang gesetzt wird. Dies schützt junge Menschen vor verfrühter sexueller Reife. Die Epiphyse gibt das Zeichen, wann es an der Zeit ist. Während der Pubertät kommt die indirekte Verbindung zwischen der Epiphyse und den Sexualorganen besonders zum Tragen und stimuliert die Reifung des Körpers. Gegen Ende unserer natürlichen Lebensspanne verringert sich die Ausscheidung von Melatonin schlagartig. Hier haben wir einen wichtigen Hinweis auf unseren eigenen Anteil am Alterungsprozeß. Wenn wir die Produktion von Melatonin beeinflussen könnten, wäre es möglich, der unbewußt tikkenden Zeituhr zu entkommen. Ich weiß, daß es möglich ist.

Wissenschaftliche Studien haben gezeigt, daß die Verabreichung von Melatonin an alte Ratten diesen nicht nur ein viel längeres Leben bescherte, sondern auch die Zeichen des Alters verschwinden ließ und die Ratten wieder ein glänzendes, gesundes Fell bekamen. Menschen gibt man Melatonin, um Herzgefäßkrankheiten zu bekämpfen, weil dadurch die Lipoproteine, die die Arterien blockieren, verringert werden. Es soll auch ein wirkungsvoller Krebsverhinderer sein.

Die Melatoninbildung wird durch Licht gehemmt. Es wird hauptsächlich nachts gegen zwei Uhr morgens ausgeschüttet. Man hat genügend Beweise, daß das helle Licht in Städten die Ausschüttung von Melatonin eindämmt. Des-

halb ist es wichtig, sich während des Schlafes vor Straßenlicht zu schützen.
Wenn die Epiphyse noch jung ist, produziert sie eine Gruppe von Neuropeptiden, Epithalamin genannt, die wohl den Körper verjüngen und das Leben verlängern. Wahrscheinlich kontrolliert sie auch den Stoffwechsel von Glukose.
Während die Wissenschaft nach Möglichkeiten sucht, die Produktion der Zirbeldrüsenhormone zu ersetzen, können wir sie beeinflussen, indem wir ihr bewußt Anweisungen geben, so wie man durch mentale Zielsetzung den Herzschlag herabsetzen oder die Körpertemperatur verändern kann. Wir alle hätten die Möglichkeit dazu.
Die Tatsache, daß die Zirbeldrüse empfindlich auf Licht reagiert, auch wenn sie weit innerhalb der Dunkelheit des Gehirns liegt, ist eines unserer größten Geheimnisse. Ganz weit zurück auf der Leiter der Evolution gab es früher Echsenarten, deren Zirbeldrüsen wie ein Drittes Auge funktionierten. Mit ihrer Hilfe ließ sich der Rhythmus der Jahreszeiten erkennen, in dem die hellen und dunklen Zyklen wahrgenommen wurden. Unsere Epiphyse »sieht« über ihre Verbindung zu der Netzhaut des Auges. Sie scheint jener Ort der »Weisheit« zu sein, von dem die Mystiker sprechen. Höhere Meister aus den verschiedensten Traditionen unserer Welt bezogen sich auf die Epiphyse als das Dritte Auge, das Zentrum der Chakras, in dem die Wahrheit beleuchtet wird. Wenn das Dritte Auge offen ist, hat man das Privileg, in die Tiefen der Seele hineinzublicken und das Leben von der Ebene möglicher Meisterschaft zu betrachten. Die Hellsichtigkeit und jede andere psychische Wahrnehmungsgabe haben ihren Ursprung in der Zirbeldrüse. Diejenigen Menschen, deren Drittes Auge geöffnet

ist, können das aurische Feld ihrer Mitmenschen sehen. Andere wiederum nehmen diese Felder so wie ich selbst durch ihren elektromagnetischen Puls wahr, der ebenfalls von der Epiphyse »gesehen« wird.

In spiritueller Hinsicht ist die Zirbeldrüse die Antenne zu anderen Dimensionen. Sie reagiert nicht nur auf die elektromagnetischen Felder, die wir kennen, sondern auch auf Energiefelder, die sich innerhalb negativer Raumzeit befinden, die schneller sind als das Licht. Dies ist das Reich der Telepathie, Intuition und die höchste Oktave menschlichen Potentials.

Wenn die Zirbeldrüse beginnt, auf dieser Ebene zu funktionieren, benutzt sie den Blutzucker im Gehirn, um die Shakti-Energie zu nähren, die für ihre Arbeit auf solch hohen Ebenen notwendig ist. Shakti ist die Lebenskraft, die göttliche Energie, die den Erleuchtungsprozeß fördert und dabei so viel Energie verbraucht, so daß der Blutzuckerspiegel im Körper oft aus dem Gleichgewicht gerät. Deshalb sind so viele Menschen mit übersinnlichen Fähigkeiten übergewichtig oder haben Blutzuckerprobleme. Wir können dieses Ungleichgewicht korrigieren, indem wir bewußt mit den Notwendigkeiten des Körpers auf physischen wie auch auf subtilen Ebenen umgehen. Ich werde Ihnen zeigen, wie.

Die Drüsen nähren

Sie können Ihre Drüsen nähren, indem Sie sich einige Augenblicke Zeit nehmen und Ihre Energie auf die einzelne Drüse oder auf das ganze System richten. Es ist einfacher, die Energie in Form von Farbe zu schicken; denn der Körper vermag farbiges Licht als spezifische Energiefrequenz zu interpretieren, und er ist sich der Wirkung dieser Frequenz bestens bewußt. So ist es also für Sie einfach, Ihren Körper auf feinste und kraftvollste Weise zu beeinflussen. Wollten Sie dies auf die bisher übliche lineare und mentale Weise tun, wäre es ungeheuer schwierig. Der Körper weiß, wie er seine eigenen, untereinander zusammenhängenden Funktionen auf perfekte Art ausführen kann, wenn er nur das Rohmaterial – die Energie – dafür bekommt. Die chemische und physiologische Geometrie des Körpers erlaubt simultane Reaktionen, die den ganzen dynamischen Zustand wandeln können. Dabei müssen Sie ihrem Körper einfach nur eine Farbe anbieten, um bei ihm eine energetische Reaktion auszulösen. Wenn Sie einem Organ oder einem Teil Ihres Körpers Energie zusenden, zeigt sich eine holographische Wirkung. Der Körper kann diese Energie so benützen, wie er es wünscht, sei es auf physischer oder einer subtileren Ebene. Er bringt sich selbst wieder ins Gleichgewicht.

Ich empfehle Ihnen, die Abbildung des endokrinen Systems aus diesem Buch zu photokopieren und in Ihrem Bade- oder Schlafzimmer aufzuhängen. Dort werden Sie es jeden Tag, während Sie sich die Zähne putzen oder sich anziehen, ansehen. Sie können dann gleichzeitig Ihre Drüsen nähren, indem Sie ihnen die Farbe schicken, die Sie für eine perfekte, alterslose Gesundheit benötigen.

ÜBUNG

Das Drüsensystem ausgleichen

- **Stellen Sie sich vor die photokopierte und**

aufgehängte Abbildung aus diesem Buch und beginnen Sie bei den Keimdrüsen.

- Fragen Sie sie, ob sie ausgeglichen werden müssen.
- Dann wandern Sie hoch zur Bauchspeicheldrüse und weiter hinauf, indem Sie jede Drüse fragen.
- Wenn Sie das Gefühl haben, irgendeine von ihnen ausgleichen zu müssen, dann fragen Sie die Drüse, welche Farbe sie dazu braucht.
- Wenn Sie die Farbe spüren, denken Sie sie in die Drüse hinein, bis sie sich voll anfühlt.
- Wandern Sie mit Ihren Gedanken von einer Drüse zur anderen, bis sie alle acht abgedeckt haben.
- Sie können die Übung damit beenden, daß Sie in Gedanken einen Kreis um alle Drüsen zeichnen und mit der Botschaft an den Körper verbinden, daß die Drüsen jetzt harmonisiert sind und bestens funktionieren.

Indem Sie diese Übung machen, senden Sie dem Körper eine kraftvolle Botschaft, auf die er positiv reagieren wird. Sie nähren sich selbst auf energetische Weise, und Sie erschaffen dabei eine Art Selbstliebe und -ehrung, die den Körper vital und zeitlos machen. Ihr Körper ist wie ein weiteres Wesen Ihres Selbst. Er möchte geliebt werden und braucht eine gute, harmonische Beziehung zu Ihnen, um sich weiter auf das Leben konzentrieren zu können.

KAPITEL 7:

Die Sexualität des ALTERSLOSEN KÖRPERS

Erst wenn Sie Ihre sexuelle Energie bis in Ihr Herz hinaufheben, werden Sie die Schwingung Ihres ALTERSLOSEN KÖRPER spüren.

Ihre sexuelle Energie kann den ALTERSLOSEN KÖRPER unterstützen. Vor allem den Drüsen in ihrer sexuellen Funktion und den von ihnen produzierten Hormonen ist es zu verdanken, wenn der Körper sich seine Jugendlichkeit zu bewahren vermag. Während der physische Körper einer uranfänglichen Tagesordnung folgt, uns immerfort zu neuen Aktivitäten anspornend, sind wir in unserem Eingehen auf seine Strömungen frei. Daher ist es uns möglich, die orgasmische Kraft, die normalerweise durch den Orgasmus den Körper verläßt, auf eine höhere Oktave einzustimmen und damit unseren gesamten Organismus zu beleben. Auf diese Weise transformiert, kann sexuelle Energie große Kreativität in uns freisetzen, aber auch unsere Heilfähigkeiten und unsere Lebensweisheit steigern.

Da Sexualität eine »rohe Kraft« ist, kann sie auf nahezu alle Ebenen fokussiert werden. Sie ist machtvoll genug, um sogar Erschöpfung, geistige Verwirrung oder selbst chronische Halsschmerzen zu heilen. Die sexuelle Energie Ihres Körpers ist die Dienerin Ihrer göttlichen Seele, denn sie ist das Fahrzeug, mit dem die Seele in den Körper gelangt.
Neben ihrem kreativen Charakter hat Sexualität jedoch auch eine weitere wichtige Eigenschaft: Indem sie ausschließlich in ihrer reproduktiven Form erlebt wird, bindet sie ihre Energien an niedrige Oktaven. In ihrer Verknüpfung mit rein biologischen Funktionen bleibt sexueller Energie oft die Ausdehnung in einen subtileren Ausdruck hinein verschlossen.
Ich erinnere mich gut daran, wie sehr ich als Jugendliche darunter gelitten habe. Wann immer ich mich auf eine schöpferische Tätigkeit konzentrieren wollte, tauchte ungewollt die Sexualität im Verbund mit der Kreativität auf. Oft blieb mir nichts anderes übrig, als mir durch Tanzen, Laufen oder irgendeine andere körperlich anstrengende Aktivität Luft zu verschaffen. Ich habe lange gebraucht, um »rohe« Sexualität in kreativen Ausdruck zu verwandeln. Ich glaube, daß junge Menschen, die ein Projekt voller Enthusiasmus beginnen, nur, um es nie zu Ende zu bringen, so handeln, weil sie ihre immens hohe Energiespannung nicht durchhalten können.
Dieser Aspekt sexueller Energie ist die Ursache für mangelnde Erfüllung und für Mißverständnisse zwischen den Partnern, die sich oft dazu verführen lassen, lediglich einen Spannungsabbau herbeizuführen, statt ihre Sexualität als eine höhere Form von Kommunikation zu begreifen. Im allgemeinen beklagen sich Frauen darüber, daß der

Geschlechtsverkehr selbst mehr auf die Bedürfnisse des Mannes abgestimmt ist und daß ihnen die Nähe »nachher«, die sie als den wichtigsten Teil empfinden, meistens vorenthalten wird. Auf der anderen Seite haben Männer Angst vor Beurteilung und wissen nicht, wie sie ohne ihrer eigenen Eile zu folgen mit einer Frau schlafen sollen. Männer stehen oft schon vor dem Höhepunkt, wenn Frauen gerade beginnen, warm zu werden, denn die Yang-Energie steigert sich linear bis zur Klimax, während die Yin-Energie sich wellenförmig auf den höchsten Punkt zubewegt. Diese ungleichen Rhythmen können aufeinander abgestimmt werden, indem der Mann sich mehr auf das Vorspiel konzentriert und so der Frau mehr Zeit gibt, ihre Energie aufzubauen.

Eine sehr gute Wirkung erzielen tantrische oder Atemübungen, wie ich sie in Der weibliche Weg beschrieben habe. Dem Partner Atem zu schicken oder von ihm anzunehmen, erzeugt eine energetische Aufladung, die mögliche Blockaden oder Ängste auflösen und eine immense Berührungssensibilität schaffen kann. Beides steigert die Bewußtheit für den Energieaustausch und für die subtileren Ebenen der sexuellen Begegnung derart, daß niemand nach einer solchen Erfahrung freiwillig zu den bisher praktizierten Formen der Sexualität zurückkehren wird.

Der Höhepunkt im Orgasmus ist schließlich die Entladung der Körperenergie, aber auch das Tor zu einer neuen feinstofflichen Ebene. Indem Sie sich darauf besinnen, haben Sie die Gelegenheit zu dem Versuch, die frei gewordene Energie vom genitalen Bereich durch das endokrine System zu leiten und damit Körpermeridiane, Chakras und aurisches Feld zu beleben, die durch den Orgasmus eine emotionale und energetische Öffnung erfahren haben. Lassen Sie die Orgasmusenergie nicht einfach entweichen, sondern transformieren Sie sie. Spüren Sie noch in den Armen Ihres Partners die Selbstbestätigung durch den Respekt, den Sie Ihrem Körper entgegenbringen, und lernen Sie diese einzigartige Form des Verschmelzens kennen. Das gemeinsame Erfahren des Höhepunktes, die Vereinigung in einen Körper und die resultierende Energetisierung sind mit die wundervollsten Erfahrungen, die ein Paar machen kann.

Da der Zustand der Keimdrüsen Auswirkungen auf die Gesundheit des gesamten Körpers hat, ist es von großer Bedeutung, ihre Vitalität zu erhalten, auch wenn sie ihre reproduktiven Funktionen nicht erfüllen sollen. Die Chakras des Becken- und Bauchbereiches können den restlichen Körper auch dann energetisch aufladen, wenn Sie sich keine Kinder wünschen.

Der Verzicht auf Sexualität

In den meisten Gruppen, denen die spirituelle Entwicklung ihrer Mitglieder am Herzen liegt, wird auf sexuelle Aktivität verzichtet. Die Transformation der sexuellen Energie, wie sie oben beschrieben wurde, bedarf einer disziplinierten, bewußten und langen tantrischen Schulung, denn sonst läßt sich Orgasmusenergie tatsächlich nicht bewahren, und der Körper verliert nach und nach seine Kraft.

Seit vielen Jahrhunderten wird in allen spirituellen Bewegungen der Zusammenhang zwischen sexueller Energie und geistiger Entwicklung diskutiert. Das durch religiöse

Motive begründete Zölibat war für Priester, Meister und Lehrer eine unumstößliche Bedingung, denn nur in der Ehelosigkeit gelingt die Vereinigung mit Gott. Die Macht, mit der das sexuelle Verlangen des Körpers nach Erfüllung ruft und von jeder geistigen Tätigkeit abzulenken vermag, wurde in allen Zeiten erkannt und gefürchtet. Geteilte Aufmerksamkeit hatte daher keinen Platz bei der Suche nach Erleuchtung.

Sexualität und Körperlichkeit überhaupt bekamen durch diese Einstellung eine negative Prägung, die ich nicht billigen kann und sehr bedauerlich finde. Im zwanzigsten Jahrhundert ist es jedoch ohnehin kaum mehr möglich, in die selbstgewählte, mönchische Einsamkeit zu gehen, da die Welt nichts mehr braucht als aktive Anteilnahme und Sexualität immer ein Ausdruck der Gemeinschaft ist.

Der Körper wird seine Erfüllung immer weniger in seiner Reproduktion suchen und daher andere Ausdrucksformen seiner Kreativität finden. Daher ist die Verdammung der sexuellen Energie gleichbedeutend mit dem Schließen einer wichtigen Quelle und ein erster Schritt hin zum Tod.

Ziel ist es also, sexuelle Energie zu transformieren, die oberen Chakras damit zu beleben und mit ihrer Hilfe die höheren Bewußtseinsebenen zu erreichen, die anders nur kaum zu erfahren sind. Wir werden später in dem Ergänzungsritus zu den Fünf »Tibetern« sehen, welch großartiges Potential in diesem noch nicht eroberten Reich liegt.

Das Nachlassen des Ch'i

Nach Überschreitung einer Altersgrenze von fünfunddreißig Jahren empfehle ich sowohl Frauen als auch Männern, besser auf ihre Sexualenergie zu achten und sie sich als Quelle der Gesamtkörperenergie gut einzuteilen. Die Kraft der Nieren-Energie, von der die Konstitution des Herzens abhängt, nimmt in diesem Alter langsam ab, so daß nach einer sexuellen Begegnung sorgsam darauf geachtet werden sollte, das Energiereservoir des Körpers wieder aufzufüllen. Manche östliche Schulen lehren den Mann aus diesem Grund den »Orgasmus nach innen«, bei dem zwar alle emotionalen und körperlichen Begleiterscheinungen auftreten, nicht aber die Ejakulation.

Die Natur hat die Frau so angelegt, daß sie zwischen fünfunddreißig und vierzig Jahren einen letzten fertilen Schub erlebt. Es scheint mir wie ein geplanter kosmischer Witz, daß sie in ihrer nun gesteigerten sexuellen Aktivität ausgerechnet auf Männer treffen wird, die sich ihrer schwindenden Kraft zunehmend bewußt werden.

Männer sollten keine Angst davor haben, daß in fortgeschrittenem Alter ihre sexuelle Aktivität nachläßt, denn dies wird sie letztlich zu bewußterem und verständnisvollerem Umgang mit ihrem Körper führen. In alten chinesischen Texten wird Frauen jedoch empfohlen, sich ab Mitte Dreißig nach jüngeren Sexualpartnern umzuschauen, da die Schwingungen der sexuellen Energie von jüngeren Männern und älteren Frauen sich im allgemeinen sehr gut im Einklang miteinander befinden. Ähnliches beobachteten die Chinesen auch bei jungen Frauen und älteren Männern. Jedoch muß der ältere Mann unbedingt darauf achten, seine Kraft nicht zu verschleudern, sondern er sollte sich die unverbrauchte Energie seiner jugendlichen Partnerin zu Nutzen machen, um ihr die ersehnte Erfüllung zu schenken.

In diesem reiferen Alter ist es für Frauen und Männer gleichermaßen wichtig, mit ihrer Körperkraft bewußt umzugehen. Mit der Unterstützung der in diesem Buch beschriebenen Übungen, insbesondere der »Übungen für die Ewigkeit«, ist es möglich, den physischen Körper in einem jugendlichen, vitalen Zustand zu bewahren. Mit fortgeschrittener Praxis ist selbst eine verjüngende und heilende Wirkung zu beobachten, die kreative Kanäle öffnet, von deren Existenz Sie nicht zu träumen gewagt hätten.

Oft geht das Erwachen eines höheren Bewußtseins Hand in Hand mit dem Abnehmen der sexuellen Kraft. Ohne Zweifel steckt dahinter die wohlüberlegte Absicht einer allwissenden Intelligenz, die evolutionäre Prozesse im Sinn hat. Daher vertrete ich auch die Auffassung, daß der Mensch vor allem in dieser Lebensphase lernen kann und lernen soll, seinen Körper unabhängig von seinen Bedürfnissen vollkommen zu beherrschen. Die Meisterung des Körpers ist eine unerschöpfliche Quelle von Freude.

Sie sind so viel mehr als nur Ihr physischer Körper, und dennoch ist er die Basis Ihres Seins und der Ausgangspunkt für alle höheren Oktaven. Indem Sie mit Ihrer sexuellen Kraft Ihren ganzen Körper nähren, werden Sie erfahren, welche Auswirkungen dies auch auf Ihren emotionalen und spirituellen Körper hat. Es besteht kein Zweifel daran, daß Ihre Sexualität eng mit Ihrer Gefühlswelt verbunden ist.

Sexualität und der emotionale Körper

So lange, wie wir von unserer inneren Quelle getrennt leben, werden wir uns immer schmerzlich nach Berührung sehnen. Tatsächlich ist die Berührungsempfindlichkeit des Körpers eines der vielen Geschenke, die uns darin unterstützen sollen, unsere Körperlichkeit zu ertragen.

Die Sexualität ist eine große Probe für den Emotionalkörper. Sie ist der Auslöser für alle tiefen Gefühle, die wir über uns selbst in uns tragen. Vor der Pubertät ist unsere sexuelle Verbindung mit dem Selbst undeutlich, weil wir die Welt außerhalb nicht damit ansprechen. Wenn die Pubertät vorbei ist, spüren wir den biologischen Drang, uns zu vermehren. Unser Körper ist dann der wichtigste Köder an unserer emotionalen Angel. Dies ist eine schmerzhafte Tatsache, denn wir fangen an, unseren Selbstwert an unseren physischen Eigenschaften zu messen. Dabei vergleichen wir uns mit anderen und fühlen uns plötzlich unserer selbst unsicher. Als Kinder hatten wir uns an unserem Schwung oder an unseren Bemühungen, um Ziele zu erreichen, orientiert. Doch jetzt scheint es nichts zu geben als diesen geheimnisvollen Mechanismus der Anziehung. Nichts von dem, was wir bisher gelernt haben, kann uns denjenigen beschaffen, den wir wollen.

Der Prozeß der sexuellen Reife ist wie ein Energiestrudel, der uns hineinsaugt und dann in eine erschreckende und kompetitive Welt hinauswirbelt, wo wir unsere Sexualität als Schwert zur emotionalen Eroberung benutzen, auch dann noch, wenn wir unseren Partner schon gefunden und uns bereits zu einem »bequemen« Leben niedergelassen haben. Solange wir uns auf dem Marktplatz physischer

Begehrlichkeit befinden, werden wir Gefangene der Angst und Unsicherheit bleiben. Vielleicht benutzen wir sexuelle Energie deshalb als emotionale Waffe statt als göttliche Liebesgabe, die sie eigentlich ist.

So lange, wie uns der emotionale Schleier von unserer wahren Quelle trennt, werden wir uns immer wünschen, berührt zu werden und andere zu berühren. Dabei wurde uns die Sinnlichkeit des Körpers dafür geschenkt, unsere Verkörperung zu genießen und zu erhalten. Das köstliche Gefühl der Nähe sollte zu tiefster Vereinigung führen. Es ist nicht dazu da, sich damit wie mit einem Mantel zu verhüllen.

In unseren Liebesbeziehungen ist es schwierig, die gesuchte Nähe von unserer eigenen Abhängigkeit oder der unseres Partners zu unterscheiden. Wir projizieren auf unseren Partner die Macht, uns glücklich zu machen, und es scheint uns völlig unmöglich, ohne ihn Erfüllung zu finden. Auch unser sexuelles Vergnügen hängt vom Partner ab. Dies ist eine brenzlige Situation, denn aus dem Liebesakt schließen wir, ob wir geliebt werden oder nicht.

Die meisten Streitereien zwischen zwei Menschen haben ihren Ursprung in den Gefühlen, die mit Sex zu tun haben. Sie können sich aus diesem Netz von Emotionen befreien, wenn Sie erkennen, daß allein Sie für die Empfindungen Ihres Körpers verantwortlich sind.

Fragen Sie sich erst einmal, ob Sie bereit sind, wirklich in Ihrem Körper zu sein. Fragen Sie dann Ihren Körper, ob er Ihre Gegenwart spürt. Sinnlichkeit steckt in allem. Auch das Streicheln einer Rose kann eine dem Orgasmus ähnliche Erfahrung sein, wenn man bereit ist, sich darauf einzulassen. Wer nach einer spektakulären sexuellen Erfüllung sucht, muß zunächst einmal seinen Körper in all seinen intimen Details kennenlernen, damit er sich von den Berührungen des Partners und der resultierenden Erregung durchdringen lassen kann. Dies hängt einzig von der Fähigkeit ab, sich auf das Gefühl und seine Ausweitung zu konzentrieren.

Vielleicht haben Sie Ihre eigene Sinnlichkeit noch nicht entdeckt und hoffen immer noch darauf, daß jemand sie Ihnen zeigen wird. In diesem Fall haben Sie Ihren ALTERSLOSEN KÖRPER und Ihre zeitlosen Emotionen noch nicht erkannt, weil Sie vergessen haben, wer Sie sind. Ihre Verbindung mit dem Lebensfunken kommt aus dem Inneren und ist ohne Zeit. Sie hängt nicht von den emotionalen Verbindungen mit der äußeren Welt ab, sondern eher von Ihrer Beziehung zu Ihrem Körper.

Sie können lernen, die sexuelle Energie als reine Energie zu erkennen. Das ultimative Resultat wird der in meinem Buch Frequenz der Ekstase beschriebene kosmische Orgasmus sein. Diese hohen Ebenen sexueller Erfahrungen finden im ganzen Körper statt, und nicht nur in den Genitalien. Der Körper stimmt sich auf neue Frequenzen ein. Die Zahl der Menschen, die diese seltenen Oktaven der Sexualität erfahren, wächst allmählich. Dies wird eine neue Art von Sexualität erschaffen, die nicht darauf basiert, was man aus dem Partner herausholen kann, sondern auf einer neuen Intensität der Energie. Wenn Sie lernen, sich tief in Ihrem Körper zu bewegen, können Sie ihn als fein eingestimmtes Instrument liebenden Ausdruckes benützen und ihn mit Ihrem Partner teilen, statt passiv darauf zu warten, daß der andere Ihnen diese Energie zuführt.

Diese sexuelle Energie ist ein Instrument des ALTERSLOSEN KÖRPERS. Durch die mit den sexuellen Funktionen in Verbindung gebrachten Hormone bleibt der Körper beständig jung. Die Aktivität des Sexualkörpers kann jedoch in die Energie einer höheren Oktave verwandelt werden, die das ganze vielschichtige Wesen versorgt. Diese Energie kann von ihrer Wurzel in den Genitalien aus hinaufgehoben werden und, unterstützt von den Drüsen, zu unendlicher zeitloser Energie werden.

Sexualität und der spirituelle Körper

Obwohl es den Anschein hat, daß sexuelle Hingabe der Schlußstein in dem Tor zum vollkommenen spirituellen Verständnis für den Partner ist, entdecken viele Menschen einen Ausdruck ihrer tiefen Liebe für den Partner außerhalb sexueller Begrenzungen. Es mag geschehen, daß Sie eine ungewöhnliche Nähe zu einem Menschen spüren, nur um später vielleicht festzustellen, daß es nicht um eine sexuelle Anziehung ging, sondern darum, in dem anderen eine Art Schwesterseele zu entdecken, mit der Sie schon über Jahrhunderte hinweg verbunden sind. Es ist außerordentlich schwer, zwischen diesen beiden Möglichkeiten zu unterscheiden. Gelingt es Ihnen jedoch, einander in Ihrer karmischen Verbindung zu sehen, dann werden Sie Intimität in einer Tiefe erfahren, wie es nur wenigen Menschen gelingt.

Ich bin immer wieder aufs neue fasziniert, wenn ein solcher Vorgang in einem meiner Seminare am LIGHT INSTITUTE abläuft. Einander vollkommen fremde Menschen begegnen sich dort und erleben ein Wiedererkennen, das sie unter normalen Umständen als erotische Ausstrahlung interpretiert hätten. Ihr Höheres Selbst lehrt sie jedoch, sich in die Tiefe der Beziehung vorzuwagen, und was als kurze sexuelle Begegnung hätte enden können, entwickelt sich zu einer liebevollen Seelenbindung, die beide in ihrem spirituellen Vorwärtskommen unterstützt. Männer und Frauen, die bei uns solche Erfahrungen machen, verlassen Galisteo als neue Menschen, deren spirituelle Körper zu höchstem Leben erweckt wurden.

Sexuelle Energie ist eine heilige Energie. Ihr verdanken Sie Ihr Dasein. In ihr manifestierte sich die Seelenbindung Ihrer Eltern, die Ihnen so ein physisches Fahrzeug schenkten, in dem Sie Ihre Seelenaufgaben erfüllen können. Sexuelle Energie schenkt Ihnen die einzigartige Erfahrung, sich mit einem anderen Menschen in Ekstase zu vereinigen und neues Leben zu schaffen. Gerade das Wunder der Zeugung hat durch die wachsende Überbevölkerung unseres Planeten einen negativen Beigeschmack erhalten. Aber die Bedrohung durch Aids wird in kommenden Generationen ein neues Bewußtsein für den heiligen Akt schaffen, in dem neues Leben entsteht.

Die Suche nach einem Sexualpartner öffnet das aurische Feld und erlaubt den Gedanken, Gefühlen und Körperempfindungen des anderen Menschen, unser Herz zu berühren. Jeder Ausdruck von Zärtlichkeit und Nähe wird unter solchen Bedingungen auf ein viel höheres Niveau gehoben. Dies ist die Ebene, auf der wahre, nämlich spirituelle Heilung stattfindet.

Sexuelle Energie in höhere Oktaven zu transformieren bedeutet, alle, auch die alltäglichsten Beziehungen zu verändern. Die Kommunikation mit anderen Menschen, ob Freunde oder Arbeitskollegen, wird so sehr an Tiefe zunehmen, daß auch die Lebensintensität als Ganzes wächst. Die Energie, die uns einst Leben einhauchte und nun unsere Sexualität antreibt, sehnt sich nach der Verwirklichung außerhalb unserer beschränkten dreidimensionalen Welt. Genauso wie der sexuell-physische Körper danach hungert, sich selbst in eine neue Generation hinein zu reproduzieren, so verzehrt sich der sexuell-spirituelle Körper nach der Verschmelzung mit dem Meer des Kosmos.

Ängstigen Sie sich nicht davor, Ihr Herz der Kraft Ihrer spirituellen Natur zu öffnen, die eine neue Form des sexuellen Pulses erwachen läßt. Die menschliche Sexualität ist reif für eine höhere Ausdrucksform. Jedes Wesen gibt sich der Liebe mit einer so tiefen Hoffnung auf Verschmelzung hin, daß das Ich losgelassen werden kann und das Höhere Selbst hinfort die Führung auf dem Weg zu bewußten Erfahrungen übernimmt. Letztlich ist also der sexuelle Akt, der nur mit den Geschlechtsorganen durchgeführt wird, eine sinnentleerte, eindimensionale Manifestierung von Isolation. In dieser Form menschlichen Ausdrucks kann er nicht fortbestehen, da eine innere Macht uns nach der Ausrichtung von Herz und Seele suchen läßt. Erst wenn Sie Ihre sexuelle Energie bis in Ihr Herz hinaufheben, werden Sie die Schwingung Ihres ALTERSLOSEN KÖRPERS spüren.

KAPITEL 8:

Übungen für die Ewigkeit

Diese Übungen stimulieren das Ch'i der inneren Organe, indem sie die Chakras vollpumpen und die subtilen Energien der Drüsen erwecken.

Bei unserem geschäftigen, modernen Zeitplan kämpfen wir oft erfolglos mit der Disziplin, die für Übungen erforderlich ist. Wir beruhigen unser Gewissen mit einem gelegentlichen Lauf oder einer Runde Schwimmen, doch ist es bei unserem täglichen Zeitdruck schwer, eine Beschäftigung regelmäßig aufrechtzuerhalten. Manchmal haben wir Phasen, in denen wir gewissenhaft oder fanatisch einer neuen Übungsroutine nachgehen, die unsere Figur vollständig verändern oder es uns leichter machen soll, uns anzunehmen. Doch dieser Enthusiasmus läßt mit der Zeit nach. Und es ist ein Glück, daß unsere Körper nicht wie Maschinen funktionieren, sondern ihrem eigenen Puls und Zyklus folgen. Ich möchte damit sagen: Sollten Sie keine Lust auf Übungen haben, so brauchen Sie dies vor sich nicht zu rechtfertigen. Möglicherweise will Ihnen Ihr Körper mitteilen, daß er im Augenblick diese Übungen nicht ausführen will. Wichtig ist es dabei jedoch, zwischen der Rationalisierung des Verstandes und der wahren Stimme des Körpers unterscheiden zu lernen. Wenn Sie Ihre Augen schließen und Ihren Körper fragen: »Soll ich heute die Übungen ausführen?« oder: »Soll ich schwimmen, laufen, tanzen oder Yoga-Übungen machen?«, wird er Ihnen gleich ein deutliches Ja oder Nein – je nachdem, was er benötigt – zur Antwort geben.

Stellen Sie ihm jedoch die Frage, so dürfen Sie seine Antwort auch nicht ignorieren. Sie müssen dann wirklich tun, was er Ihnen sagt. Auch wenn Sie keine Lust dazu haben, er will es.

Der tägliche Stundenplan kann für den Körperrhythmus sehr schädlich sein. Vielleicht haben Sie fünfzehn Minuten nach dem Essen eingeplant, um Ihren Körper zu bewegen. Aber es ist zuviel verlangt, die Energien gerade dann in die Muskeln hineinverlagern zu wollen, wenn der Körper eben zufrieden seine Nahrung verwandelt. Sie müssen den Körper darauf vorbereiten, damit er adäquat handeln kann. Visualisieren Sie also die Aktivität, die Sie unternehmen möchten, vorher, und Ihr Körper wird sich darauf einstellen.

Am späten Nachmittag fällt der Blutzuckerspiegel normalerweise ab, was zu Nervosität und Erschöpfung führt. In der chinesischen taoistischen Medizin nennt man dies die »Nierenzeit«. Die Nieren repräsentieren die tiefste Energie im Körper, und das Nieren-Ch'i nährt das Herz. Zu dieser Zeit ist der Nierenmeridian am aktivsten, und der Körper sendet möglicherweise einen Hilferuf aus, damit das Blut stimuliert wird. Er mag irgendeine Art von Körperbewegung brauchen, um den Prozeß zu unterstützen. Es ist interessant, daß der westliche Mensch gerade um diese Zeit zum Cocktail greift, der für eine sofortige Zuckerausschüttung ins Blut sorgt. Dies tut er aber auf Kosten der Nieren, die mit dem Alkohol fertig werden müssen. Würden Sie also Ihren Körper fragen, so würde er wahrscheinlich gerne auf den Cocktail verzichten und statt dessen durch körperliche Übungen Bewegung in sein Blut bringen, um sich gestärkt und erneuert zu fühlen.

Die Fünf »Tibeter«

Als ich vor einigen Jahren in Bolivien war, erhielt ich ein kleines photokopiertes Buch mit dem Titel The Eye of Revelation, das 1985 unter dem Titel The Ancient Secret of the Fountain of Youth erneut erschien. In Deutschland ist es als Die Fünf »Tibeter«* sehr bekannt geworden. Es behandelt Techniken der Lamas in Tibet, um den Körper in einem perfekten Gleichgewicht und Gesundheitszustand zu erhalten und so die Konzentration auf höhere Geistesbereiche zu ermöglichen. Das Resultat dieser Übungen ist, daß die Übenden sehr lange leben, scheinbar ohne zu altern. Aber eigentlich machen sie diese Übungen, um die Kraft des Göttlichen zu manifestieren. Ich muß lächeln, wenn ich daran denke, wie viele Menschen auf dieser Welt diese Techniken durchführen könnten, um der Zerstörung

---

* Die in diesem Buch vorgestellten Übungen beruhen auf den Energieriten tibetischer Mönche, die durch Peter Kelders Buch *Die Fünf »Tibeter«* (erweiterte Ausgabe, Wessobrun 1991, Integral Verlag) jetzt in den Ländern des Westens eine neue Popularität erlangen. Der Name *Die fünf »Tibeter«* ist geschützt und die Verwendung erfolgt mit freundlicher Genehmigung des Integral Verlags.

durch das Alter vorzubeugen und am Ende die herrlichsten, neuen spirituellen Erfahrungen des Universums und der Lebensquelle zu machen.

Während ich den Vorschlägen dieses Textes Folge leistete, fühlte ich, wie die Bewegungen mein aurisches Feld allmählich verwandelten. Ich bin in physischer Hinsicht immer recht aktiv gewesen, doch merkte ich sofort, daß es sich hier um eine neue Oktave der Interaktion mit meinem Körper handelte. Meine Schwangerschaften hatten mich, durch den Druck und die Belastung, die ich durchmachen mußte, sehr tief mit meinen inneren Organen vertraut gemacht. Aber ich hatte noch keinen wirklich befriedigenden Weg gefunden, ihnen für ihre großartige Arbeit zu danken und sie zu regenerieren.

Der Text des photokopierten Büchleins vermittelte mir eine neue Art von Bewußtsein für mein aurisches Feld und seine Beziehung zu den Chakras. Seit meiner Kindheit habe ich die Chakras als Energie erkannt, die aus allen lebendigen Dingen herausstrahlt. Doch hatte ich mir nie überlegt, was die Qualität dieser Ausstrahlungen kontrolliert. Und ich hatte mir auch noch nie über ihre Quelle Gedanken gemacht. Ihre Beschaffenheit und Vibration schenkten mir Hinweise auf das innere Wesen des Menschen. Doch war es mir noch nicht in den Sinn gekommen, auf lange Zeit diesen lebenspendenden Energiekreislauf für mich selbst bewußt zu stimulieren. Ich hatte begonnen, den Körper aufgrund seiner einzelnen Teile zu begreifen. Doch erst viele Jahre und Tode spater konzentrierte ich mich auf die Aspekte dieses Wissens, die mit dem Alter zu tun haben. Ich eröffnete einen innerlichen Dialog mit meinem Körper und kümmerte mich nicht mehr wie früher um Äußerlichkeiten wie Fett, Gewicht und Haare. Als ich die chinesische Akupunktur studierte, verstand ich plötzlich die Feinheiten, war fasziniert von den Verbindungen zwischen Chakras, Meridianen und Organen. Es war aufregend, ein Vokabular zu entdecken, mit dessen Hilfe man ausdrücken kann, wie die subtilen Energien unsere inneren Organe nähren und miteinander verbinden.

Ich kam zu der Schlußfolgerung, daß die tibetischen Übungen aus dem photokopierten Buch das Ch'i der inneren Organe anregen, indem sie die Chakras vollpumpen und die subtilen Energien der Drüsen erwecken. Es ist wunderschön für mich, diese Übungen durchzuführen, denn sie geben mir das Gefühl, daß ich etwas sehr Maßgebliches in kürzester Zeit in Bewegung bringe. Das ist für mich sehr wichtig, da mich Wiederholungen meist schnell ermüden. Die Tibeter sprechen nicht von Übungen, sondern von Riten, was ich angemessen finde, denn diese Handlungen bringen eine spezifische innere Antwort hervor. Ich werde sie Ihnen vorführen und dabei einige verbindende Bewegungen einfügen, die – wie ich meine – die Wirkung auf den Körper vergrößern.

Sie brauchen einen Raum mit einer Matte oder einem Teppich auf dem Boden, um die folgende Übungskette durchzuführen. Es ist auch möglich, eine einzelne Übung aus dem Zyklus herauszulösen, denn manche sind mehr geeignet als andere, Sie schnell wieder zu energetisieren, sei es im Büro oder an jedem anderen Ort.

ÜBUNG: Der erste Ritus der Fünf »Tibeter«

Bei dem ersten Ritus handelt es sich um die Dreh-Übung, die auf den emotionalen Körper wirkt. Während man im Uhrzeigersinn herumwirbelt, werden negative Abfälle regelrecht aus dem Körper herausgeschleudert, und klare Energie kann sich ausbreiten. Dies ist eine herrliche Übung, weil sie die Brücke

zwischen der linken und rechten Gehirnhälfte kräftigt und uns so hilft, ganz zu werden. Die Chakras vergrößern sich wieder, drehen schneller und lösen mögliche Blockaden auf. Nimmt der Energiewirbel der Chakras zu, so verstärkt sich auch die Lebenskraft und richtet sich aus.
Stellen Sie sich also aufrecht hin, strecken Sie Ihre Arme seitwärts aus und beginnen Sie, sich zu drehen. Folgen Sie Ihrem rechten Arm, so daß Sie sich im Uhrzeigersinn bewegen. Sie können die Technik der Tänzer benützen, indem Sie Ihre Aufmerksamkeit auf einen Gegenstand in Augenhöhe fixieren, während Sie sich drehen. Dadurch kommen Sie nicht aus dem Gleichgewicht, und Sie können länger wirbeln, bevor Ihnen schwindlig wird. Die alten Meister drehten sich einundzwanzigmal hintereinander. Doch fühlen Sie sich nicht entmutigt, wenn Sie sich schon nach der Hälfte schwindlig fühlen. Wie bei allen anderen Dingen, müssen Sie auch hier dem Körper erst helfen, sich an die neue Bewegung anzupassen, und sie dann langsam erweitern, bis Ihr Körper Ihren Anforderungen genügen kann. Halten Sie sofort an, wenn Ihnen auch nur leicht schwindlig ist. Legen Sie sich auf den Boden und atmen Sie tief, bevor Sie den nächsten Ritus beginnen. Strecken Sie Ihre Arme nach hinten aus und recken Sie sich tüchtig, damit Ihre Wirbelsäule sich entspannt.

ÜBUNG: Der zweite Ritus der Fünf »Tibeter«

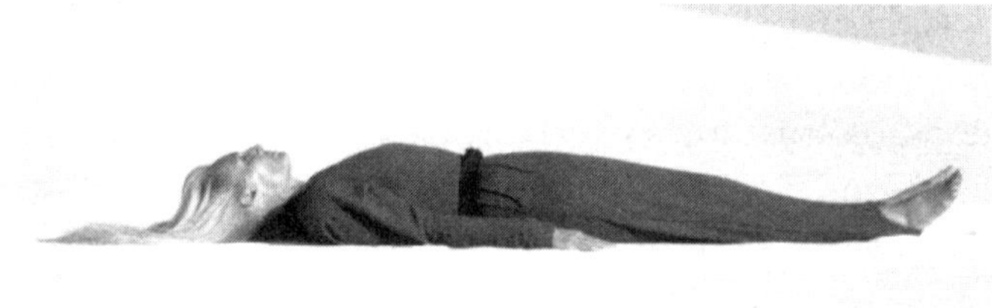

Dieser Ritus mag entfernt an eine Gymnastikübung zur Kräftigung der Bauchmuskulatur erinnern. Sie liegen flach auf dem Rücken und heben den Kopf an, bis er die Brust berührt. Dies regt das Solarplexus-Chakra und das Empfängnisgefäß innerhalb des Rumpfes an. Es wäre gut, wenn Ihr Rücken durch einen dicken Teppich geschützt wäre. Ihre Hände liegen neben Ihnen auf dem Boden, die Handflächen weisen nach unten, und die Finger sind leicht gespreizt.

Atmen Sie ein, heben Sie den Kopf wie beschrieben und zugleich die gestreckten Beine in die Höhe. Drücken Sie das Kinn an die Brust, während Sie die Beine senkrecht auf den Kopf zu bewegen.

Es ist wichtig, die Knie dabei zusammenzuhalten. Während Sie ausatmen senken Sie Ihre Beine und Ihren Kopf langsam wieder und legen sie auf den Boden zurück. Entspannen Sie alle Muskeln und wiederholen Sie den Ritus mehrmals, aber maximal einundzwanzigmal, ohne sich übermäßig anzustrengen. Achten Sie darauf, daß der Übungsablauf synchron zu Ihrem Atemrhythmus ist (dies gilt für alle Übungen!): Heben Sie Kopf und Beine beim Einatmen, senken Sie sie beim Ausatmen.

Zwischen dem zweiten und dem dritten Ritus der Fünf »Tibeter«

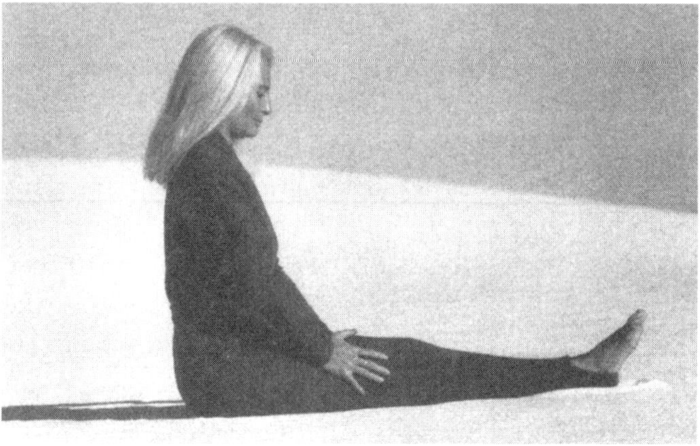

Wenn Sie sich nach Abschluß des zweiten Ritus wieder aufsetzen, strecken Sie die Beine vor sich aus. Streicheln Sie Ihre Beine mit den Händen, indem Sie bei den Schenkeln beginnen und langsam bis zu den Füßen gelangen.

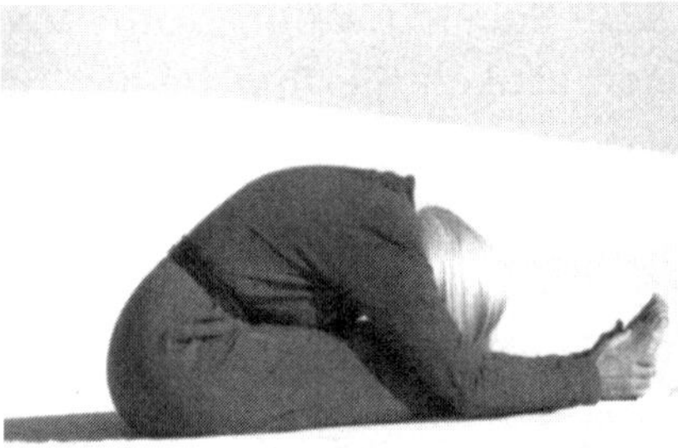

Ergreifen Sie Ihre Füße von außen und ziehen Sie Ihren Kopf so nahe an die Knie wie möglich. Dies ist nicht einfach.

Ich selbst stöhne oft dabei. Doch darüber zu wachen, gerade Beine zu haben, und damit die hormonale Aktivität des Körpers zu steigern und das Verdauungssystem zu beleben, spornt mich an.

ÜBUNG: Der dritte Ritus der Fünf »Tibeter«

Diese nächste Bewegung liebe ich ganz besonders, denn sie trägt stark dazu bei, den Solarplexus und das Herz zu öffnen. Da wir unser Leben mit der Energieaufnahme durch den Bauchnabel beginnen, führen wir diese Gewohnheit fort, indem wir als Erwachsene den Solarplexus als Tor zur Kraft nutzen. Der Solarplexus ist jedoch der Sitz des Emotionalkörpers, der nicht weiß, was er aufnimmt. Alle emotionalen Energien finden ihren Weg auf diese Weise in uns hinein. Und wir ziehen auch negative Emotionen an, die mit denen zu tun haben, die wir schon in uns tragen. So wirkt unsere Angst oder unser Zorn in uns wie ein Magnet auf die Menschen, die eine ähnliche Art von Energie besitzen.

Dieser Ritus hilft Ihnen, den gesamten Rumpf auszuweiten und somit eine offene statt einer defensiven, zusammengezogenen Haltung einzunehmen. Durch diese Bewegung kehren Sie den Energiefluß um und heben die Energie zum Herzen empor.

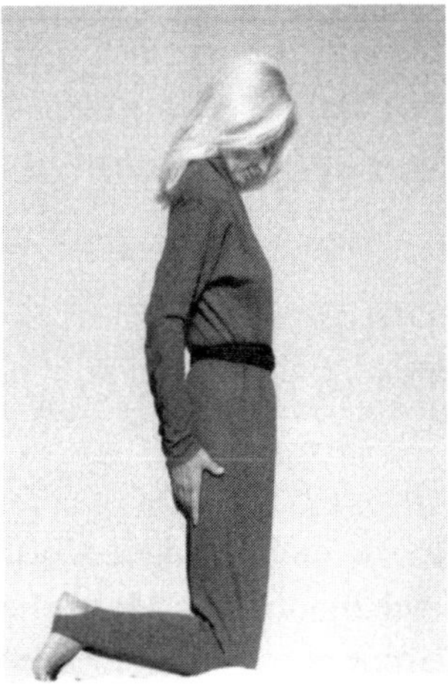

Knien Sie sich mit aufrechtem Körper hin und stützen Sie sich mit den Zehen ab. Legen Sie die Arme mit den Handflächen an die Rückseite Ihrer Oberschenkel. Beugen Sie den Kopf nach unten, bis das Kinn die Brust berührt, und atmen Sie dabei aus.

Biegen Sie nun beim Einatmen den Kopf und dann auch den oberen Rücken zurück. Lehnen Sie sich soweit wie möglich nach hinten und stützen Sie sich mit den Händen an den Oberschenkeln ab. Lassen Sie dabei die Augen geschlossen und richten Sie sie nach innen, während Sie die Freiheit Ihres gedehnten Körpers erfahren. Dann gehen Sie in die Ausgangsposition zurück und wiederholen die Übung mehrmals.

Wenn Sie diese Bewegungen ausgeführt haben, strecken Sie die Arme auf Schulterhöhe vor sich aus und lehnen sich zurück, ohne dabei den Rücken zu biegen. Sie werden den Facia-lata-Muskel am äußeren Schenkel spüren. Dieses Gebiet reflektiert den Verdauungsapparat und hilft bei der Ausscheidung.

ÜBUNG
Der vierte Ritus der Fünf »Tibeter«

Dieser Ritus erscheint anfangs sehr schwer, doch er kann nach einiger Übung mühelos von sechzig- und siebzigjährigen Menschen ausgeführt werden. Es verursacht ein angenehmes Gefühl in der Gegend des

Kreuzbeins. Die Reflexe, Meridiane und Energien, die zu den sexuellen Organen des Körpers hin und zurück und die Beine hinunter fließen, werden durch diese Übung angeregt.

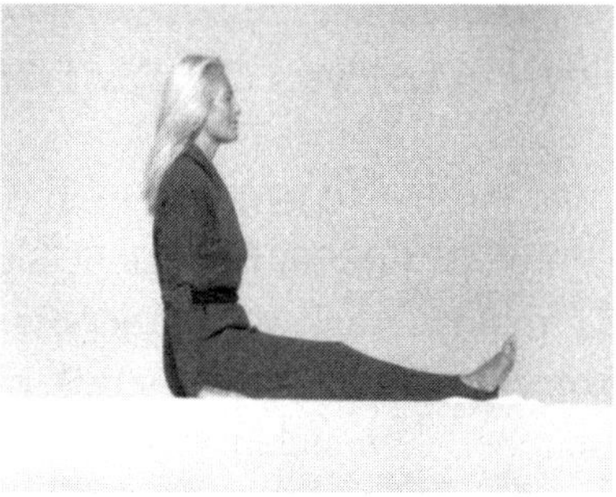

Setzen Sie sich aufrecht hin und strecken Sie die Beine leicht gespreizt vor sich aus. Die Arme befinden sich neben dem Rumpf, und die Handflächen liegen neben dem Gesäß auf dem Boden. Lassen Sie während des Einatmens das Kinn auf die Brust sinkcn. Nun sammeln Sie Ihre Kräfte, lehnen in einer fließenden Bewegung den Kopf ganz zurück und heben dabei das Becken bis sich der Rumpf und die Oberschenkel in der Waagerechten, parallel zum Boden, befinden. Zugleich mit diesem Bewegungsablauf atmen Sie ein. Sie bilden jetzt mit Ihrem Körper einen Tisch und spannen für einen Moment all Ihre Muskeln an. Den Boden mit Ihrem Gesäß streifend, kehren Sie in die Sitzposition zurück. Achten Sie auf den Rhythmus von Atmung und Bewegung, und wiederholen Sie die Übung mehrmals.

ÜBUNG
Der fünfte Ritus der Fünf »Tibeter«

Dies ist mein Lieblingsritus, denn er läßt uns sofort einen Wandel im Energiefluß des Körpers erkennen. Er macht stark und lebendig, und das Gesicht bekommt einen zufriedenen Schimmer.
Begeben Sie sich in den Liegestütz mit durchhängendem, entspanntem Rücken und auf Zehen und Handflächen abgestützt. Lehnen Sie langsam Ihren Kopf zurück und atmen Sie dabei aus.

Während Sie nun die Luft wieder in Ihren Körper strömen lassen, senken Sie den Kopf und heben die Hüften steil nach oben, bis Sie mit Ihrem Körper eine lebendige Pyramide bilden, wobei Ihr Kreuzbein die Spitze darstellt. Ziehen Sie das Kinn an die Brust und spannen Sie all Ihre Muskeln einen Augenblick

lang an, bevor Sie wieder ausatmend in einen Halbmond hineinschwenken, den Kopf zurückgebeugt die Übung mehrmals wiederholen.

Nach diesen fünf Riten käme eine sechste, ergänzende Übung. Doch ich möchte Sie zunächst mit zwei taoistischen Übungen, welche die Verdauung stärken, den Körper harmonisieren und die Vitalität vergrößern, auf den krönenden Abschluß der Fünf »Tibeter« vorbereiten.

ÜBUNG
Stimulation der Speicheldrüse und Zunge

Setzen Sie sich mit geradem Rücken und gekreuzten Beinen so bequem wie möglich hin, und legen Sie Ihre Hände, die Finger über den Daumen locker zu einer Faust geschlossen, auf die Knie. Diese Haltung der Hände bewahrt den Energiefluß im Körper. Fahren

Sie mit der Zunge vom linken Mundwinkel her nach rechts über das Zahnfleisch des Unterkiefers und in umgekehrter Richtung über das des Oberkiefers und beschreiben Sie somit einen Kreis. Die Bewegung geschieht gegen den Uhrzeigersinn. Die Taoisten meinen, Sie sollten diese Übung sechsunddreißigmal hintereinander durchführen, um den Speichelfluß zu aktivieren. Sie sollten die Zunge dann nach vorne und nach hinten bewegen, wieder sechsunddreißigmal, bis Ihr Mund voller Speichel ist. Nun schlucken Sie den Speichel in drei Teilen hinunter. Für die Taoisten stellen diese Teile den Himmel, die Erde und den Menschen dar. Sie sollten kräftig schlucken, damit der Speichel in den Magen gelangt. Hören Sie auf den Klang des Speichels im Bauch. Wiederholen Sie diese Übung zwei- bis dreimal.

ÜBUNG
Variation der taoistischen Schildkröte

Dies ist eine der umfassendsten Übungen für die Herbeiführung eines ALTERSLOSEN KÖRPERS. Die Taoisten nennen sie die Schildkröten-Übung, weil sie die Bewegung der Schildkröte nachahmt, wenn sie ihren Kopf vor- und zurückstreckt. Sie stimuliert alle Nerven und führt Energie ins Gehirn und wieder hinaus, während sich die Nackenregion entspannt und öffnet. Der Nacken ist für uns von wesentlicher Bedeutung, denn er ist der Durchgang zum zentralen Nervensystem und damit der Schlüssel zu un-

serem gesamten Körper. Alle Yang-Meridiane finden sich am Nackenansatz zusammen und bilden einen Kraftplatz für den Schutz des Körpers. Aus spiritueller Sicht befindet sich unser Wille im Nacken. Wenn wir also den Nacken weicher und biegsamer machen, können wir unsere rigiden Einstellungen verändern, die uns im Leben so viel Schwierigkeiten verursachen und uns schmerzhafte Trennungen bereiten.
Der Hals ist unser wichtigstes Kommunikationszentrum zwischen Geist und Körper. Dort befinden sich, wie wir uns erinnern, die Schilddrüse und die Nebenschilddrüsen, die einen großen Teil des Stoffwechsels kontrollieren. Die Schildkröten-Übung öffnet den ganzen Halsraum vollständig. Sie streckt die Wirbelsäule und stärkt sie, wobei sich Müdigkeit und Steifheit des Nackens und der Schultermuskulatur auflösen. Es ist wichtig, diese Übung langsam durchzuführen, und zwar in einem Rhythmus, wie Sie ihn sich bei einer Schildkröte vorstellen.

Anders als bei den Übungen der Fünf »Tibeter« ist das Atemmuster hier umgekehrt. Sie atmen ein, während Sie mit dem Kinn die Brust berühren. Sie fühlen, wie sich Ihr Nacken streckt, und Ihre Schultern werden sich nach unten hin entspannen. Nun ziehen Sie die Schultern nach oben zu den Ohren, wie eine Schildkröte, die sich in ihren Panzer zurückzieht. Atmen Sie dabei langsam aus und lassen Sie den Kopf zurückfallen, so daß er auf Ihrem Nacken ruht. Wiederholen Sie dies mindestens zwölfmal.

Die Schildkröten-Übung sollte in Kombination mit zwei weiteren Zusatzbewegungen ausgeführt werden, die die Drüsen und Chakras stark beeinflussen.
Bei der ersten Zusatzbewegung strecken Sie beim Ausatmen Ihren Hals und pressen Sie dabei den After zusammen, als wollten Sie ihn fest verschließen. Diese Handlung gilt den Schambeinmuskeln, die den Beckenboden stärken und die man beim Liebesakt benützt. Sowohl Männer wie auch Frauen können diese Muskeln kontrollieren und dabei die Energie aus dem Genitalbereich hinaufziehen, um die Sexualorgane und damit den ganzen Körper zu nähren. Halten Sie den Schambeinmuskel fest, bis Sie das Kinn, ausatmend, wieder an die Brust ziehen. Entspannen Sie, während Sie einatmen. Wenn Sie diese Kombination von innerer

und äußerer Bewegung beherrschen, können Sie ein oder zwei Zyklen hindurch den Schambeinmuskel angespannt halten.

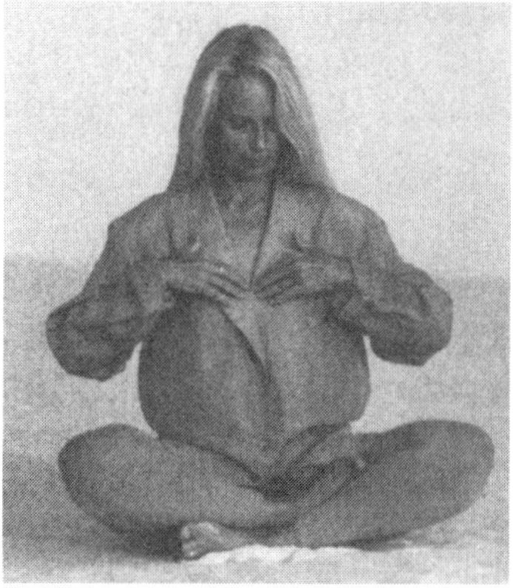

Bei der zweiten Zusatzbewegung reiben Frauen ihre Brüste und Männer ihren Unterbauch. Alle drei Übungsbestandteile zugleich auszuführen ist anfangs schwierig und setzt einiges Bemühen voraus. Es hat jedoch eine so tiefe Wirkung auf den Körper, daß sich die Mühe lohnt.

Wenn Sie eine Frau sind, legen Sie die Hände mit den Fingern nach unten zeigend zwischen die Brüste. Streichen Sie jetzt beidseitig nach oben, dann nach außen zu, um die Brüste herum nach unten und wieder nach oben, um in die Ausgangsposition zu gelangen. Damit haben Sie die ganze Brust umkreist. Wiederholen Sie dies dreimal in der Zeit, in der Sie eine Schildkröten-Übung durchführen. Das heißt, für zwölf Schildkrötenbewegungen kreisen Sie sechsunddreißigmal.

Sobald Sie ein perfektes hormonales und physisches Gleichgewicht erreicht haben, werden Sie die zweite Zusatzbewegung nicht mehr machen müssen. Ver-

zichten Sie auch während der Menstruation auf sie, da es in dieser Zeit für Sie wichtig ist, daß die Energie aus dem Körper hinaus und nicht hinein fließt. Frauen, die diese Übung täglich machen, können ihre Menstruation damit derart beeinflussen, daß sie oft ganz fortbleibt. Dies ist ein Hinweis darauf, wie machtvoll solche Übungen in bezug auf den Fluß der Körperenergie sein können.

Wenn Sie ein Mann sind, legen Sie Ihre Hände mit den Fingern nach unten zeigend auf Ihren unteren Bauch, genau über das Schambein. Während Sie die Schildkröten-Übung ausführen, reiben Sie beide Hände im Uhrzeigersinn vom Schambein hinauf nach rechts, bis zum Bauchnabel, und nach links hinunter, zurück zum Schambein. Machen Sie dies, bis sich Ihr Bauch heiß anfühlt.

Durch Ausübung der Schildkröten-Übung befehlen Sie Ihrem Körper, sich auf keine reproduktiven Aktivitäten einzulassen. Nach der Schildkröten-Übung wird sich Ihr Körper entspannt und ausgeglichen fühlen. Dies ist der geeignete Zeitpunkt für eine Meditation, weil Ihr Bewußtsein tief nach innen gerichtet sein wird.

ÜBUNG
Ergänzungsritus zu den Fünf »Tibetern«

Die Tibeter sagen, dieser sechste Ritus verwandle den Übenden in ein höheres Wesen. Doch das trifft nur für diejenigen zu, die das Zölibat gewählt haben. Ich habe es Hunderten von Menschen beigebracht, und es gehört zu den Standardübungen der Schüler meiner NIZHONI SCHULE, wo wir unsere Energien auf höhere Oktaven richten. Sie müssen sich jedoch klarmachen, daß dieser Ritus die Qualität Ihrer Sexualität verändern wird. Und ich möchte ihn nur Menschen empfehlen, die sich der tantrischen Sexualität bewußt geworden sind oder Erfahrungen sexuellen Einswerdens gemacht haben. Wenn der Liebesakt für Sie auf einen Orgasmus abzielt und Sie nicht gelernt haben, die Energie zurück in Ihren Körper zu rufen, überspringen Sie diesen Ritus. Ist Sex für Sie gleichbedeutend mit Entladung, dann ist diese Übung für Sie nicht geeignet, weil sie die Energie so weit in den Körper hinaufbringt. Sie würden sich dann nicht nur unwohl fühlen, sondern auch weniger Drang nach Sex und seinem Ausdruck verspüren. Dieser Ritus ist also nicht für Menschen geeignet, die sich mit ihrem sexuellen Ausdruck identifizieren, da bei ihm eine Wandlung der reproduktiven Energie geschieht.
Das Potential der Sexualität ist eines der großen Geschenke, die wir bei unserer Verkörperung mitbekommen. Man sollte sie nie unterdrücken oder zurückhalten, in dem Glauben, sie gehört nicht zum spirituellen Bereich. Schauen Sie sich doch nur

den traurigen Kampf einiger Priester an, die sich diesen falschen Zwängen unterworfen haben. Sexualität ist die heiligste Energie, die wir besitzen. Nur haben wir einfach noch nicht ihre ganze Verzweigung auf energetischen Ebenen verstanden. Die Verwandlung der reproduktiven Energien zu höher vibrierenden Frequenzen liegt in der Wahl eines jeden. Der sechste Ritus macht Sie für die sexuellen Strömungen innerhalb Ihres Körpers sensibler. Er erleichtert Ihnen den Zugang zu den höheren Chakras, so daß Sie sie als die Quelle kreativer Energie, mentaler Genauigkeit und intuitiver wie heilender Kräfte erkennen werden.

Stellen Sie sich also bequem hin. Während Sie alle Luft ausströmen lassen, beugen Sie sich in der Taille nach vorne und legen dabei beide Hände auf die Knie. Atmen Sie auch den letzten Rest Luft aus den Lungen aus.

Gehen Sie ohne einzuatmen wieder in die aufrechte Position zurück. Legen Sie die Hände mit den Fingern nach vorne auf Ihre Hüften und pressen sie, so stark Sie können, nach unten. Dabei werden sich Ihre Schultern und Ihre Brust nach oben bewegen. Und es ist wichtig, dabei den Bauch einzuziehen. In Unterstreichung der Ausrichtung des Körpers nach oben ziehen Sie auch den Aftermuskel hinauf. Halten Sie diese Position ohne zu atmen und richten Sie Ihre geschlossenen Augen auf den Punkt zwischen den Augen, so daß alle Energie aus den tieferen Chakras zu den höchsten Zentren aufsteigen kann. Wenn Sie wieder einatmen müssen, dann tun Sie dies durch die Nase. Das Ausatmen erfolgt nun durch den Mund, wobei die Arme nun locker und entspannt an Ihren Seiten herunterhängen. Atmen Sie mehrfach normal durch Nase und Mund, bevor Sie die Übung wiederholen. Um das Aufsteigen der sexuellen Energie zu spüren, sind mindestens drei Wiederholungen notwendig.

Wenn Sie sich nach dieser Übung im Spiegel betrachten, werden Sie von dem Leuchten in Ihren Augen und von Ihrem Strahlen begeistert sein. Sie werden auch eine ruhige Klarheit verspüren, die Ihnen ein neues Selbstvertrauen schenkt, denn tatsächlich sind Sie nun ein Mensch mit höherem und größerem Bewußtsein. Dies ist wirkliche Schönheit! Es ist der Kuß der Ewigkeit für die, die sich selbst in der Umarmung des ALTERSLOSEN KÖRPERS wiedcrfinden.

KAPITEL 9:

Das alterslose Herz

Das Herz sollten wir als treuen Diener ansehen. Gibt ihm der Herr unseres Körpers, nämlich unser Bewußtsein, deutliche Anweisungen, wird es diese immer loyal befolgen.

Das Herz ist der Brennpunkt höchster menschlicher Ausdrucksfähigkeit. Es ist der Sitz bedingungsloser Liebe und menschlichen Mitgefühls.

Das Herz ist das Tor zu neuen Oktaven glückseliger Erfahrung und Bewußtseinsfrequenzen, mit der die Menschheit ihr gesamtes Potential ausschöpfen wird.

Für diesen Durchgang müssen wir das zarte Zusammenspiel unseres physischen, emotionalen und spirituellen Selbst verstehen. Nirgends können wir diese harmonische Beziehung deutlicher erkennen als in der Funktion des menschlichen Herzens. Treu schlägt es unser ganzes Leben hindurch und erhält unseren Körper am Leben. Dabei stimmt es gleichzeitig die Energien unserer emotionalen und spirituellen Fähigkeiten so ein, daß wir durch die Lektionen des Lebens das Herz als Fahrzeug zur Transzendenz nutzen können.

Wir sollten das Herz ganzheitlich betrachten. Wenn wir diesen großartigen Muskel auf physische Weise stärken, können wir ihn auch auf emotionaler und spiritueller Ebene ausweiten.

Unser Planet ist der Planet des Herz-Chakras. Wir leben auf dieser Erde, um durch das Potential des Herzens tiefste Emotionen und Mitgefühl zu erleben. Durch das Herz können wir Gefühlen Ausdruck geben, die unsere Lebenserfahrung verändern. Dies ist unsere größte menschliche Lektion. Sie soll uns darin bestärken, durch das Herz miteinander zu kommunizieren. So wie uns jede Krankheit etwas über das Thema unserer jeweiligen Lektion erzählt, so lehrt uns das Herz, daß Beziehungen ein Mittel des Selbstausdrucks sind. Selbst das wundersame Kreislaufsystem steht für die tausend unterschiedlichen Arten des Energieaustausches zwischen den verschiedensten Ebenen der Zell- und Organgemeinschaften.
Die Herzthemen sind so bedeutsam, daß es einen direkten Zusammenhang zwischen dem Ausdruck unserer Beziehungen zueinander und der Gesundheit des Herzens gibt. Jedes Herz strebt nach Liebe und Vereinigung, denn diese Energien fördern die Entwicklung des Menschen und seine Transzendenz. Tief in uns wissen wir, daß unser Wunsch nach Beziehung mehr als nur ein spontanes Gefühl ist. Unser ganzer Lebenssinn gerät durcheinander, wenn wir meinen, auf emotionaler Ebene zu scheitern. Diese Verzweiflung und Leere trägt maßgeblich zu Herzkrankheiten bei. Die Ärzte sollten sich immer mit den emotionalen Beziehungen ihrer Patienten beschäftigen, um dieses feine Zusammenspiel aufzudecken.

Schwer benachteiligt sind jene, die nicht gelernt haben, ihre Gefühle auszudrücken oder ihre Abhängigkeiten zu durchschauen. Als Beispiel fallen mir da automatisch die hart arbeitenden Manager ein. Ihre dicken Brieftaschen und ihre Macht sind oft der Ausgleich für die innere Einsamkeit, denn sie können sich nur selten den Luxus leisten, ihre tiefsten Gefühle mitzuteilen. Sie sind die Hauptkandidaten für Herzkrankheiten. Es gibt kaum Menschen mit Herzproblemen, die nicht irgendwie an Trennung oder gefühlsmäßigem Streß gelitten haben.

Das Herz arbeitet unentwegt und verteilt so das Blut, die Lebensenergie in unserem Körper. Obwohl das Herz »nur« ein Muskel ist, ein mechanischer Apparat des Körpers, wird es durch unsere Gefühle und unseren Lebenswillen andauernd beeinflußt, ist es aufs feinste auf Gefühle und Streß eingestimmt.

Streß erwächst meistens aus der Angst, daß man, selbst vom Blickwinkel der äußeren Welt gesehen, nicht erfolgreich ist. Wir sorgen uns um unsere Arbeit und um unsere Zukunft. Wir fürchten, daß wir keine Beziehung finden werden oder daß die schon vorhandene zu enden droht. Einige Dinge reflektieren unsere tiefe innere Angst, weil wir nicht wissen, wer wir sind oder wozu wir leben. Ohne dieses wesentliche Wissen scheint es schwierig zu sein, sich selbst zu lieben.

Das Herz symbolisiert unsere tiefsten Verbindungen zum Leben. Jede Beziehung entsteht aus den Herzen. Sogar entfernte Geschäftsbeziehungen werden durch die Herzenergie beeinflußt, wenn Vertrauen und Wertschätzung diese Beziehung fördern. Wenn das Herz geschlossen ist, verpassen wir die Frische des Lebens, die uns erneuert und vorwärts treibt. Die Schönheit der Welt hat nur Bedeutung, wenn wir uns in unseren Beziehungen verbunden und erfolgreich fühlen. Wenn der Emotionalkörper Fehlschlüsse zieht, möglicherweise aufgrund von vergangenen schmerzhaften Erfahrungen, wird das Herz enger und für die Liebe unzugänglicher. In traumatischen Augenblicken, wenn wir fürchten, daß uns Liebe entzogen wird, reagiert das Herz auf den emotionalen Schock mit heftigem Klopfen. Anschließend zieht es sich in sich selbst zurück, um den Schmerz auszuschalten.

Spüren wir jedoch die Liebe, so dringt diese Energie bis zum Herzen durch. Die emotionale Energie, die in die Herzregion aufsteigt, schafft ein köstliches Gefühl von Ausdehnung und Leichtigkeit in der Brust. Dies ist nicht nur ein emotionales Zusammenspiel, sondern auch ein physisches, denn durch die Entspannung des Solarplexus fließt Energie hinauf zum Herz. So ist das Herz keineswegs nur der poetische Ausdruck von Liebe, sondern die Erfahrung von Liebe wird tatsächlich und real im Herzen gespürt. Vielleicht beginnt es zu klopfen oder seinen Rhythmus zu ändern, wenn wir Liebe verspüren. Aber es kann sich auch eine große Wärme im Herzen ausbreiten oder ein sanftes Kitzeln, wenn uns jemand liebevoll begegnet.

Unterhalb der Herzebene sitzt der Emotionalkörper, ein Bewußtsein, das hauptsächlich durch das ewige Streben des Egos nach dem Überleben und der eigenen Genugtuung geprägt ist. Wenn dieses Bewußtsein im Solarplexus eingeschlossen ist, dann wird die Herzenergie abgeklemmt.

Streß mit dem Herzen begegnen

Das Herz ist in alle unsere Bewußtseinsbereiche hinein verzweigt. Deshalb ist es wie ein Monitorsystem, welches ständig alle Bereiche unseres Lebensspiels überwacht. Erfolge und Scheitern, vom Blickpunkt des Verstandes, des physischen und emotionalen Körpers laufen durch den Beobachtungsposten des Herzens, das andauernd versucht, Ungleichgewicht und Streß auszugleichen. Wenn Sie erst einmal erkannt haben, daß ein friedvoller Lebenswille den ALTERSLOSEN KÖRPER fördert, wird Ihr Herz Ihnen dabei helfen, ihre Freude darüber, einfach nur in Ihrem Körper lebendig zu sein, auszuweiten.

Nach meiner letzten Todeserfahrung, bei der meine linke Herzkammer in Mitleidenschaft gezogen wurde, spürte ich die sofortige Reaktion meines Herzens, welches nun jede Anspannung mit einem physischen Gefühl der Herzschwere begleitete. Dieses Gefühl, so stellte ich fest, wird durch Zorn oder Negativität verursacht, die den Energiefluß regelrecht blockiert, so daß sich das Herz anspannt und sich »eingeklemmt« fühlt. Ich erkannte, daß ich sofort loslassen mußte, denn sonst hätte sich die Enge in einen chronischen Brustschmerz verwandelt. Und mir war auch klar, daß kein tägliches Vorkommnis und keine momentane Überreaktion es wert waren, dafür mein Leben aufs Spiel zu setzen.

Dies war für mich eine deutliche Demonstration, wie der Herzmuskel selbst auf Negativität reagiert und wie Negativität uns vom Leben isoliert. Es ist ernüchternd und manchmal auch schmerzhaft zu sehen, wie unsere momentanen und auch oberflächlichen Gefühle den Körper

mißbrauchen können. Ich lernte dadurch, daß weder Frustrationen noch Ärger diese Reaktionen im Körper wert sind. Oft habe ich mir dieses »Monitorsystem« des Herzens weggewünscht. Jedenfalls wurde ich dadurch gezwungen, meine Wahrnehmung und meine Reaktion auf den täglichen Streß gründlich zu durchdenken. Wenn Negativität auftaucht, atme ich sofort tief durch und bitte mein Herz, sich wieder zu öffnen. Dies verhindert das Gefühl des »Eingeklemmtseins« und gibt mir ein physisches Vertrauen, dem Hindernis gewachsen zu sein. Ich habe gelernt, auf äußerlichen Streß nicht mehr so stark zu reagieren, denn der Körper läßt mir eine direkte Botschaft zukommen: »Das ist es einfach nicht wert!«
Doch es ist wichtig, aufgebaute Energie neu zu orientieren. Dafür sende ich der Situation oder der Person, die den Streß verursacht, Farbe. Die Energie drängt hinaus, und ich tausche die negative Energie mit einer ausgleichenden Kraft aus. Diese Technik hilft loszulassen, weil man handeln kann. Der Emotionalkörper wünscht sich diese Aktion. Doch gleichzeitig lehrt man seinen Emotionalkörper, nicht defensiv oder rechtfertigend zu reagieren, sondern sich auf eine Lösung und Befreiung auszurichten. Es ist ein wunderbares Gefühl, zu sehen, daß man den Prozeß des Streßabbaus beherrscht, indem man einfach im Geist die Energie so umwandelt, wie es die Situation fordert. Man kann dem Emotionalkörper mit dem Bewußtsein befehlen loszulassen, indem man ihn vom Selbst weglenkt und mit positiver Energie auf die Quelle des Stresses richtet.
Dies ist eigentlich eine Art von Hingabe. Die Erkenntnis, daß Hingabe nicht bedeutet, sich selbst zu verlieren, sondern eher, sich auszuweiten und neue Energien aufzuneh-

men, ist eine der wichtigsten Lehren für das Ego. Hingabe ist der Prozeß, sich einem höheren Ausdruck des Selbst und seiner Weisheit zu öffnen. Nur dem Höheren Selbst können wir uns wirklich hingeben. Und diese Art von Hingabe erlaubt uns, eine ganzheitlichere Perspektive darüber zu gewinnen, wie und warum die Dinge geschehen. Das Höhere Selbst benutzt diese Situationen und Beziehungen, um uns Dinge beizubringen, die uns letztlich in emotionaler und mentaler Hinsicht freimachen.

Angst im Herzen

Obwohl heutzutage Krebs eine häufigere Todesursache ist als die Herzkrankheiten, haben viele Menschen nach wie vor große Angst vor Herzproblemen. Herzprobleme töten so viele Menschen in dieser Welt, daß es so etwas wie eine kollektive Angst in bezug auf das Herz gibt. Viele Familien leben unter dem Schatten von einer vererbten Tendenz zu Herzproblemen. Ist erst einmal irgendeine Herzschwäche diagnostiziert, so lebt der »Kranke«, aber auch seine Familie, in ständiger Furcht, daß der Lebensfaden abreißen könnte. Jedoch, mit der Angst wächst auch die Wahrscheinlichkeit, denn das Herz ist eine bewußte Entität, die ständig unseren Gedanken und Gefühlen zuhört und unseren unbewußten Tendenzen folgt. Man richte nur seine Aufmerksamkeit auf etwas, das einen wirklich erschreckt, und man wird sofort merken, wie das Herz seinen Rhythmus ändert.

Angst im Herzen bedeutet ein großes Gesundheitsrisiko. Wenn Menschen Herzklopfen, Herzrhythmusstörungen oder Schmerzen empfinden, werden sie steif vor Angst und passiv, als handle es sich um den Angriff eines Feindes, über den sie keine Kontrolle haben.

In der chinesischen Medizin sagt man, der Nierenmeridian enthalte unser tiefstes, aus Urzeiten vererbtes Ch'i. Das Nieren-Ch'i aber nährt das Herz, und abgelagerte Angst belastet die Nebennieren. Sie überreagieren und belasten damit das Herz. Der Gedanke, daß wir bestimmte Energie von unseren Ahnen erben, ist interessant, denn wir werden auch von den Erfahrungen aus ihrem Leben geprägt. Früher war das Leben hart und voll ständiger Lebensbedrohung. Die Erinnerungen unserer Ahnen an ihre Urängste müssen ausgelöscht werden. Es ist äußerst wichtig, daß wir unser genetisches Reservoir von den Ängsten und den Kämpfen unserer Vorfahren befreien, so daß wir diese altmachenden Faktoren nicht auch noch an unsere Kinder weitervererben.

Ich bin in einer Familie aufgewachsen, in der es Herzkrankheiten gab, und war deshalb sicherlich auf entsprechende Ängste programmiert. Wir haben fast alle vorprogrammierte Ängste, weil wir fälschlicherweise annehmen, daß das Herz eine machtvolle ferne Autorität darstellt, die unseren Körper regiert, ohne uns selbst irgendwelchen Einfluß darauf zu erlauben. Wir nehmen im Stillen an, daß uns unser Herz im Stich lassen wird, und leben ständig mit dieser Möglichkeit. Sogar das Wort »Herzanfall« beinhaltet den bedrohlichen Ausdruck unserer Angst, daß uns unser eigenes Herz plötzlich »anfallen« könnte. In Wahrheit aber würde es sich niemals gegen uns wenden.

Indem wir unseren großen Einfluß auf unsere Herzen erkennen, könnten wir so viel dazu beitragen, das Herz zu erleichtern. Unser Herz ist ein treuer Diener. Wenn unser Bewußtsein, das den Körper regiert, ihm deutliche Anweisungen gibt, wird es diese immer ausführen. Unser Herz wird uns unterstützen, wenn wir ihm einige wesentliche nährende Elemente zukommen lassen. Wir verwandeln dabei unser unersättliches Bedürfnis nach Liebe in nährende Wertschätzung und Zärtlichkeit unserem eigenen Herzen gegenüber.

Unterstützung für das alterslose Herz

Sie können Gesundheit und Freude vorprogrammieren. Es gibt viele Dinge, die das Herz unterstützen und bestärken. Es ist an der Zeit, zu erkennen, daß Sie selbst Herr und Heiler Ihres eigenen Körpers sind. Haben Sie keine Angst, an sich selbst zu arbeiten, Ihr Herz wartet darauf, daß Sie mit ihm umgehen. Ich möchte das, was ich für mein Herz tue, mit Ihnen teilen.

Sprechen Sie mit Ihrem Herzen

Es ist wichtig, daß Sie mit Ihrem Herzen in Verbindung treten. Auch wenn Sie jung sind und meinen, Ihr Herz sei in tadellosem Zustand, ist es gut, es zu ermutigen und eine bewußte Beziehung zu ihm aufzubauen. Es muß Ihnen nicht peinlich sein, wenn Sie zu sich selbst sprechen. Ich spreche mit meinem Herzen, als sei es ein enger Freund – was es auch ist. Die beste Art, mit Ihrem Herzen zu kommunizieren, ist über die Meditation. Werden Sie ganz still und konzentrieren Sie Ihre Aufmerksamkeit auf Ihr Herz. Dies ist die höchste Form der Kommunikation. Wenn Sie in Ihrem Herzen Enge spüren, konzentrieren Sie sich ruhig und liebevoll darauf, und Sie werden sehen, wieviel Macht Sie wirklich über Ihren Körper haben.

Erleichterung durch Seufzen

Wenn Sie zu viel über die Fragen des Lebens nachdenken oder irgendwo im emotionalen Bereich steckengeblieben sind, ist Seufzen ein wunderbares Mittel, um loszulassen. Durch Seufzen wendet man seine Aufmerksamkeit auf jenen stillen Ort im Herzen, der sich ausweitet, ein immenses Nichts wird, in das das Höhere Selbst die Antworten oder Erkenntnisse legen kann.

Unser Herz wird auch dadurch belastet, daß wir nur kaum Geduld mitbringen, um Antworten zu finden. Weil wir so oft eingesperrt sind, so stark auf die ständigen Bewegungen in unserem Leben reagieren, vergessen wir, daß weise Entscheidungen und tiefes Verständnis aus einer zeitlosen Stille kommen, wo das Bewußtsein in aller Klarheit das große Hologramm erkennt. Dort erst wird es sich des Netzwerks, der Zwischenverbindungen und der Relativität aller Dinge bewußt.

Sie können Ihrem Herzen zeigen, wie man sich entspannt und ausweitet, indem Sie es einfach bitten, seine Sorgen loszulassen. Es ist nützlich, dabei tief zu seufzen. Setzen Sie Sorgen, Ängste, Befürchtungen und alles, was Sie festhalten, durch einen Seufzer frei. Seufzen nimmt den Druck vom Herzen. Es ist wichtig, daß Sie sich selbst seufzen hören, damit Sie sich daran erinnern, daß sich die Energie nach außen hin befreit. Seufzen Sie einige Male hintereinander und helfen Sie Ihrem Körper dabei, sich so zu entspannen, daß er in einen meditativen Zustand versetzt wird. Richten Sie dann Ihre Aufmerksamkeit auf Ihr Herz und Ihre Brust und fühlen Sie, was jetzt anders ist.

Erholung für das Herz

Wissen Sie, daß Sie, wenn Sie auf Ihrer linken Seite schlafen, Ihrem Herzen möglicherweise zu viel Druck zumuten? Dies kann für Sie ein Problem sein, wenn Sie normalerweise auf der linken Seite schlafen oder sich so liegend liebevoll an Ihren Partner ankuscheln. Es ist wichtig, daß Sie beide Ihre Schlafgewohnheiten verändern, so daß keiner von beiden auf seinem Herzen liegt. Versuchen Sie, beide in die gleiche Richtung blickend, auf Ihrer rechten Seite oder auf dem Rücken zu schlafen. Ihr Körper wird es Ihnen danken, wenn Sie auf dem Rücken schlafen.

Wenn Sie unter Ängsten leiden, ist es wünschenswert, sie vor dem Schlafengehen zu klären. Was in Ihrem Bewußtsein ist, bevor Sie zu Bett gehen, wird während des Schlafes eine energetische Traumform annehmen, die Ihren inneren Frieden im täglichen Leben beeinflußt. Nur ein friedvolles Herz ist alterslos. Im Schlaf gleicht man den physischen und den emotionalen Körper aus. Dabei kommt es nicht so sehr auf die Dauer als viel mehr auf die Qualität des Schlafes an. In der Nacht repariert das Drüsensystem Ihre Zellen, und Anspannungen werden aus Ihrem Körper herausgeschwemmt.

Sorgen Sie also dafür, daß Sie gut schlafen, und nutzen Sie den Schlaf, um den Körper zu revitalisieren. Dazu müssen Sie die Tagesereignisse abschließen, denn sonst werden Sie von den verwirrenden Träumen des Emotionalkörpers gequält. Die folgende Übung wird Sie darin unterstützen.

ÜBUNG – Vor dem Einschlafen

- Bevor Sie schlafen gehen, drehen Sie sich im Uhrzeigersinn um sich selbst.
- Dabei werden die festgehaltenen Energien, die so oft Schlaflosigkeit bewirken, aus Ihrem Körper herausgeschleudert, und Sie bleiben klar und entspannt zurück. Menschen, die in Städten leben, können oft einfach deshalb nur nicht schlafen, weil es nicht genug Erde um sie herum gibt, um die statische Energie abzuleiten, die sich in den großen anonymen Wohnhäusern aufbaut.
- Durch das Herumwirbeln wird negative Energie frei. Es trägt zweifellos zu tiefem Schlaf und guten Träumen bei. Auch wird Ihr Immunsystem dadurch gestärkt.
- Machen Sie sich keine Sorgen, wenn Ihnen nach nur wenigen Drehungen schwindlig wird. Dies heißt nur, daß Sie das Herumwirbeln umso mehr nötig haben. Drehen Sie sich, bis Sie sich ein wenig schwindlig fühlen, und versuchen Sie, die Anzahl der Drehungen mit jedem Tag zu erhöhen.
- Dann setzen Sie sich einen Augenblick lang in Meditationshaltung auf Ihr Bett. Oder aber Sie legen sich hin.
- Fragen Sie Ihren Körper, wo er Angst festhält.
- Wo immer Sie etwas spüren, führen Sie Ihr Bewußtsein hin.
- Fragen Sie Ihren Körper, welche Farbe nötig ist, um die Angst aufzulösen.

- Führen Sie diese Farbe in den Körperteil, in dem die Angst festgehalten wird.
- Sie werden merken, wie sich Ihre Energie verändert, während die Angst losgelassen wird. Nach einer durch diese Übung eingeleiteten Nacht werden Sie froh und kräftig aufwachen, bereit, den kommenden Tag anzupacken.

Diese Übung ist sehr wichtig, um einen ALTERSLOSEN KÖRPER zu erhalten, denn wenn der Körper friedlich schläft, können die Hirnanhangsdrüse, der Hypotalamus und die Zirbeldrüse den Körper erneuern, verjüngen und heilen.

Herzhaftes Lachen

Lachen ist für das Herz die beste Medizin, denn es schüttelt, streichelt und wiegt das Herz und hilft ihm somit loszulassen. Sie selbst haben es in der Hand, das Lachen zu finden, Situationen und Erfahrungen zu suchen, die Sie zum Lachen bringen und die das Kind in Ihnen wieder aufleben lassen. Eigentlich sind es gerade diese kindlichen Energien, die Sie vom Altern abhalten.
Wenn Sie lachen, verändert sich Ihr Atemrhythmus. Ihr Herz wird Anspannungen los, wenn Sie durch Ihr Lachen in es hineinatmen. Die Hauptfunktion des Herzens ist es, Blut und Nährstoffe in jeden Teil des Körpers zu führen. Ein herzhaftes Lachen geht immer mit tiefen, Ihren Körper belebenden Atemzügen einher.
Schauen Sie sich in Ihrem Leben nach Menschen und Situationen um, die Sie zum Lachen bringen. Manchmal sind

Haustiere eine Quelle der Heiterkeit, oder der Humor in Büchern und Filmen. Suchen Sie den Klang des Lachens nachzuahmen, um zu fühlen, wie dies in Ihrer Brust widerhallt. Es macht nichts, wenn Sie nur so tun als ob. Wichtig ist, daß es Sie schüttelt. Lachen massiert Ihr Herz und ist die allerbeste Übung.

Das Herz liebt Bewegung

Als ich mit zweiundvierzig Jahren nochmals gebar, war meine größte Angst, ob mein Herz die Anstrengung aushalten würde. Als die Zeit nahte, war ich erstaunt darüber, wie stark sich mein Herz anfühlte. Es schien die Anstrengung der Geburt regelrecht zu mögen. Und während und nach den Geburtswehen erlebte ich vor allem dieses Gefühl der Herzensstärke. Mein ganzer Brustraum war voller Energie und fühlte sich nach der Anstrengung außerordentlich gut an. Ich wußte, daß das viele Schwimmen und die Spaziergänge am Strand während der Schwangerschaft mich auf die Geburtsarbeit vorbereitet hatten. Und ich fühlte großen Respekt vor diesem wunderbaren Muskel. Mein Herz liebte die Bewegung, die es ihm erlaubte, sich auszudehnen und seine Funktion zu erfüllen, indem es die lebensnotwendigen Nährstoffe durch meinen Körper und den des Babys kreisen ließ.

Ihr Herz ist für die Bewegung gemacht. Es liebt das Klopfen und Springen, wenn Sie sich selbst gut durcharbeiten. Wenn Sie Ihren Herzmuskel üben, kann er viele der physischen Ablagerungen, die durch Anspannung verursacht werden, aus eigener Kraft beseitigen. Anspannungen entstehen durch Energiestaus. Bewegung hingegen setzt Energie frei, solange man es nicht übertreibt. Der Atem wird angeregt, und Sauerstoff nährt den Körper, während Giftstoffe gleichzeitig ausgeschieden werden. Ihr Körper liebt es, sich zu bewegen, und Sie können tausend verschiedene Möglichkeiten finden, um den Körper auf kreative Weise anzuregen. Obwohl manche Menschen ihren Körper gerne herausfordern, muß Bewegung nicht hart oder übertrieben sein. So wie Lachen den ganzen Brustkorb wiegt und befreit, so sind auch Tanzen oder sogar einfaches Schlendern eine großartige Unterstützung für ein altersloses Herz, denn Bewegung verursacht Freude und heitere Selbstvergessenheit.

Die Dreh-Übung ist ideal für Herz und Brustkorb. Wenn Sie auch nur einige Minuten herumwirbeln, werden Sie spüren, wie Ihre Brust leicht wird und warme Energiewellen sich vom Herzen kommend zu den Armen und Händen hin ausbreiten. Ich wirble täglich so lange herum, bis ich die kitzelnde Energie meine Arme hinunter- und aus meinen Händen hinausfließen spüre. Wenn ich das Prickeln in den Händen merke, weiß ich, daß mein Körper wieder voller Leben ist und bin bereit, in die Welt hinauszugehen.

Das Herz baden

Haben Sie sich jemals auf die Gefühle konzentriert, die Sie haben, wenn Sie auf dem Rücken oder auf dem Bauch im Wasser liegen? Ihr Atem verändert sich, Ihre Atemzüge werden lang und tief. Ihrem Herzen tut es gut, wenn Sie Ihren Körper ins Wasser legen. Sie werden dadurch leicht und schwerelos, so daß der Druck von Ihrem Herzen und anderen inneren Organen verschwindet. Auch nur zehn Minuten dieser Schwerelosigkeit können Ihnen große Ruhe vermitteln. Schwimmen ist eine wunderbare Übung für den ganzen Körper. Aber auch nur im Wasser zu liegen, entspannt und tröstet. Zwischen den Säften im Körper und der Flüssigkeit um den Körper herum wird ein subtiles Gleichgewicht hergestellt.

Der »Herzschützer«

Um das Herz herum befindet sich ein mit Flüssigkeit gefüllter Beutel, den wir den Herzbeutel nennen. In der chinesischen Medizin heißt diese schützende Membran »Herzschützer«. Die Flüssigkeit des Herzbeutels polstert das Herz, so daß sein Muskel ungestört Blut pumpen kann. Meiner Ansicht nach ist dieser Herzbeutel für die Gesundheit besonders wichtig. Ich habe Menschen oft von der übersinnlichen Warte aus betrachtet und festgestellt, daß der Herzbeutel verstopft oder vernebelt war. Das bedeutet immer, daß die biochemischen Nebenprodukte ihrer Gedanken und Gefühle sich um das Herz herum ansammeln. Ich bin davon überzeugt, daß durch das Einklemmen, die Folgen unseres Ärgers und unserer Anspannung, die Flüssigkeit des Herzbeutels mit Ablagerungen angefüllt wird, weil Wandlungen im chemischen Gleichgewicht stattfinden. Manchmal haben Menschen innerhalb des Herzbeutels einen ständigen Druck. Diese Menschen entwickeln einen wehen Punkt hinter dem linken Schulterblatt. Dieser Punkt heißt in der chinesischen Akupunktur »Heilung für hundert Krankheiten«. Er strahlt über die Schulter zum Herzen hin aus und steht in Verbindung mit dem Nervengeflecht, das von der Wirbelsäule in den Arm hinein führt. All die »Fenster zum Himmel«-Akupunkturpunkte, die wir bei unserer Arbeit im LIGHT INSTITUTE anregen, haben mit dem Herzbeutel zu tun und setzen eine kraftvolle Energie frei, die dem Körper bei der inneren Reinigung hilft. Diese »Fenster« verankern die himmlischen Energien höheren Bewußtseins im Körper, das durch die Transzendierung emotionaler Spannungen ekstatische Ausmaße erreichen kann.

Am besten können Sie Ihr Herz sicher und stark erhalten, indem Sie über den Herzbeutel meditieren, damit seine Flüssigkeit sauber und klar bleibt. Stellen Sie sich vor, sie könnten in Ihren Herzbeutel hineinschauen und die Ablagerungen sehen, die Ihr Herz belasten. Wenn Sie irgendwelche dunklen Punkte oder dichte Felder finden, können Sie diese Ablagerungen physischer und emotionaler Blockaden nach dem auf Seite 28 ff. beschriebenen Verfahren forträumen, so daß Sie sich wieder leichter und offener fühlen.

Stellen Sie sich vor, daß Sie den Herzbeutel mit kristallklarem Wasser spülen und alle trübenden Teilchen herauswaschen, so daß seine Flüssigkeit danach ganz und gar durchsichtig ist. Stellen Sie sich auch vor, wie Ihr Herzbeutel mit der reinsten Lichtenergie, mit inspirierten Gefühlen, Ekstase und Freude gefüllt wird.

Akupunkturpunkte für das Herz

Von den Schwierigkeiten mit meinem Herzen in Mexiko behielt ich ein unregelmäßiges Herzklopfen zurück. Manchmal hatte ich sogar Herzflattern. Dies ist ein seltsames Gefühl, als ob das Herz davonläuft und sich außerhalb des Körpers befindet. Herzflattern ist gefährlich, und man muß sofort etwas dagegen tun. Ich lernte Akupressurtechniken, um den Herzmeridian anzuregen, was mir fast augenblicklich Erleichterung verschaffte.

Ich möchte diese Techniken an Sie weitergeben, denn Sie könnten jemandem helfen, der einen unregelmäßigen Herzschlag spürt oder andere Schwierigkeiten hat. Wenn das Herz die Botschaft aussendet, daß es blockiert ist, so muß man diese Botschaft durch vertrauenerweckende Führung beantworten, um den Energieausgleich wieder herzustellen und eine weitere Herzunregelmäßigkeit zu verhindern.

Ich möchte Ihnen einige Akupunkturpunkte zeigen, die Ihnen helfen werden, die Spannungen in Ihrem Herzen zu lösen. Als Erfolg Ihrer Bemühungen werden Sie zu einer von Kommunikation mit ihrem und Verständnis für Ihr Herz geprägten Beziehung finden.

Akupunkturpunkt »Shenmen« (HE 7)

Der erste Punkt, der meinem Herzen hilft, wenn es unregelmäßig schlägt, ist der Akupunkturpunkt, den man »Shenmen« (HE 7) nennt.

Wenn Sie Ihre Handfläche nach oben drehen, finden Sie auf der Ihrem Körper zugewandten Seite des Handgelenks eine Einbuchtung. Oberhalb dieser Einbuchtung liegt eine Sehne. Wenn Sie Ihren Daumennagel neben die Sehne in die Einbuchtung setzen und Ihre Hand auf Ihren Körper zu und wieder weg bewegen, werden Sie dort etwas wie das Kitzeln eines Nerves spüren. Dieser Punkt beruhigt und bewegt gleichzeitig den Meridian, so daß der Herzschlag sich wieder einpendeln kann. Sie können diesen Punkt an Ih-

rem eigenen Körper finden. Er fühlt sich seltsam elektrisch an, als ob die Nerven eingeschlafen seien. Wenn Sie diesen Punkt drücken, gerät das Herz wieder ins Gleichgewicht. Mein Herz hört sofort auf zu flattern, wenn ich diesen Punkt berühre. Um die Energie im Fluß zu halten, könnte man täglich diesen Punkt stimulieren.

Akupunkturpunkt »Shaochong« (HE 9)

Ein weiterer Akupunkturpunkt, der Ihre Herzenergien nährt und ausgleicht, wird »Shaochong« (HE 9) genannt und befindet sich im unteren Viertel des kleinen Fingernagels. Dies ist der Endpunkt des Herzmeridians, der in der Achselhöhle beginnt. Greifen Sie Ihren kleinen Finger und drehen Sie ihn einige Augenblicke lang so stark, wie Sie können, um ihn gut zu stimulieren. Ist Ihr Herz unfrei, so wird das Drücken und Drehen weh tun. Durch diese Technik kann man immer prüfen, wie es im Augenblick um die Herzenergie steht. Wenn Sie jeden Tag an Ihrem kleinen Finger drehen, werden Sie feststellen, daß es nicht mehr so weh tut; denn das Herz bekommt nun elektromagnetische Strömungen zu spüren, die durch diesen Akupunkturmeridian hindurch fließen.

Es ist nicht nur sinnvoll, die kleinen Finger beider Hände zu drücken und zu drehen, sondern man sollte dies mit allen Fingerspitzen tun. Jede Fingerspitze enthält Akupunkturpunkte, welche die Körperenergie stimulieren und ausgleichen. Die Spitze des Mittelfingers wirkt auf den Herzbeutel. Es ist sehr wichtig, gerade diesen Finger zu drücken, um den Herzbeutel in seiner Funktion zu unterstützen. Wenn man Ihnen jemals Blut abzapfen muß, empfehle ich Ihnen eindringlichst, dies nicht am »Herzbeutelfinger« zu erlauben, es sei denn, Sie haben das Gefühl, zuviel Energie im Herzen zu besitzen.

In der chinesischen Medizin wird das Herz mit der Nase assoziiert. Tatsächlich haben Menschen mit einem großen emotionalen Repertoire auch oft große oder dicke Nasen. Nasenbluten scheint eine Botschaft des Herzens zu sein, das offenbar unter einer zu großen Energiebindung leidet und die überschüssige Energie so aus dem Körper leitet. Vor allem Kinder haben oft Nasenbluten, wenn sie zu viele Gefühle oder zu starke Energien erlebt haben. Die Chinesen empfehlen in diesem Fall eine Heilmethode, bei der man von außen in den Daumen sticht, damit die Energie abfließen und der Stau sich lösen kann. Dieselbe Wirkung erzielt das Hin- und Herdrehen des Daumens.

Sie können ihm helfen, alterslos zu werden, indem Sie einen offenen Dialog mit ihm aufbauen, so daß auch das Herz Ihnen mitteilen kann, wie es ihm geht. Entsprechend können Sie energetische Veränderungen durchführen und es somit jung und vital erhalten. Energie ist die Sprache des Herzens. Sie können sich selbst beibringen, diese Energie bewußt zu lenken. Das Herz hat die Lösung für jedes Dilemma bereit, gleich ob es sich um Emotionen oder um körperliche Vitalität handelt. Wenn Sie positive, friedvolle Energie durch das Herz und den Herzbeutel kreisen lassen, wird es keine Angst mehr spüren und wieder zu seinem natürlichen Stadium der Vollendung zurückkehren.

Die Hauptaufgabe eines alterslosen Herzens ist es, friedvoll in seinem ewigen Rhythmus zu schlagen und einem gesunden, erfüllten Leben den Weg zu bereiten. Das Geheimnis dieses Friedens ist die Erkenntnis des Höheren Selbst. Je mehr Sie sich selbst erkunden, umso weniger unkontrolliert werden Sie in Ihrem Leben reagieren. Ihr Herz wird ruhiger auf äußere Erregungen antworten. Während Sie alle Lebenserfahrungen als Geschenke für das Wachstum betrachten, werden Sie auch die innere Kraft finden, alle Situationen mit einem friedvollen Herzen zu meistern, denn Ihr Leben gehört Ihnen allein.

Kapitel 10:

Den Tod loslassen – die letzte Transzendenz

Dem Tod kann man entgegengehen, ohne zu altern. Tod und Altern sind zwei verschiedene Dinge. Sie sind nicht unabdingbar miteinander verbunden.

Es erscheint Ihnen vielleicht seltsam, daß ich dieses Buch über den ALTERSLOSEN KÖRPER mit einem Kapitel über den Tod beenden will. Ich meine, daß Sie nichts über das Leben wissen, wenn Sie nicht auch den Tod als Illusion erkannt haben. Selbst wenn man in nicht allzu weiter Zukunft auch noch den Tod überwinden könnte, so wäre dies nur möglich, weil wir gelernt hätten, die physische Form als Ausdruck unserer unendlichen Seele zu lieben und zu ehren. Wir hätten die Fähigkeit erworben, uns im Lichtkörper zu bewegen. Nicht etwa als ein Geschenk, sondern weil wir ein Wissen erfahren haben würden, das seit Tausenden von Jahren auf unser kollektives Bewußtsein wartet. Was einst nur einigen wenigen vorbehalten war, würde dann all denen zugänglich sein, die das Fenster zur Erleuchtung öffnen und ihrem Körper erlauben, davon überflutet zu werden. Wir haben alle das Recht, unseren Körper so lange zu benutzen, wie wir es wünschen, ihn so aufzubauen, wie wir wollen, und ihn schließlich loszulassen, wenn wir bereit sind, uns auf der Evolutionsleiter fortzubewegen. So ist es für unsere Seele vorgesehen.

So lange, wie der lauernde Schatten der Todesangst sich nicht aus unserer Erbmasse gelöst hat, wird die Menschheit jedoch nicht erfahren, was die Meister der Alterslosigkeit ihr zeigen wollten. Die Angst steckt tief in Ihrem Inneren zusammen mit all dem anderen genetischen Material, das Sie sowohl von Ihren Eltern geerbt als auch in Form von Erinnerung an Ihre vielen vergangenen Leben in Ihren Zellen gespeichert haben. Gesundheit mit dem Ziel, den Tod zu vermeiden, ist nicht die Lösung. Durch die Freude an der Existenz alterslos zu sein, das ist der richtige Weg. Alterslos sind Sie, wenn Ihr Bewußtsein den Lichtkörper erkennt und ihn mit seinen multidimensionalen Fähigkeiten erfaßt, so daß Sie die kosmischen Energien aufnehmen können. Verkörperung ist eine Möglichkeit der Kommunikation, die alle Ebenen transzendiert. Es ist eine Lebensaufgabe, die alterslose Gegenwart zu spüren.

Die Meisterschaft über den Körper können Sie jedoch nur erlangen, wenn Sie die wesentlichen Energien erforschen, die den Körper auf feineren Ebenen formen. Sie dürfen Ihren Körper nicht mit physischer, emotionaler oder mentaler Negativität mißhandeln und gleichzeitig hoffen, weder zu altern noch zu sterben. Aus der Angst vor dem Verlust des Körpers heraus nach Unsterblichkeit zu streben führt nicht zur Meisterschaft. Die Sehnsucht nach Unveränderlichkeit und Stagnation entspricht nicht der Lebensaufgabe des Menschen. Bewegung und Wandel gehören zu den

höheren Gesetzen. Der ALTERSLOSE KÖRPER ist nicht die Manifestation einer Weigerung, sondern eine Einladung, sich auf der Schöpfungsebene zu manifestieren und der kosmischen Gesetze bewußt zu werden.
Überwinden Sie Ihre Angst, dann werden Sie den Durchbruch zur Alterslosigkeit schaffen. Angst zerstört den Körper.

Todesangst

Wir lieben die Jugend und streben nach ihr, weil wir den Tod fürchten. Wir stürzen uns in die materielle Welt, um die Stimme der inneren Realität, die uns eine nicht abzuwendende Zukunft ins Ohr flüstert, nicht hören zu müssen. Wir führen lieber ein unwichtiges Leben mit verschwommenen Handlungen und Gefühlen, als uns mit der Furcht vor unserem Ende zu konfrontieren. Und dennoch kann uns keine Verweigerungstechnik daran hindern, eines Tages wieder über die Schwelle dieser Welt zu der Quelle, aus der wir kommen, zurückzukehren. Doch um das zu verwirklichen, müssen wir keineswegs altern oder den Körper verfallen lassen. Ja, ein Mangel an Leben verdirbt den Willen und ermüdet den Geist und drängt den Körper schließlich zum Tod.
In unserem Körper befinden sich die Erinnerungen an all jene, die vor uns gegangen sind. Ihr Tod ist in unseren Genen verankert. Nach dem Tod löst sich das Bewußtsein vom Körper, der nicht erfahren kann, was jenseits dieser mystischen Trennung geschieht, so daß kein Mensch bisher wirklich wußte, wie es danach weitergeht. Deshalb

versuchen wir, diese wichtige Frage zu beantworten, um uns wieder mit unseren scheinbar verschwundenen Lebensfäden zu verbinden und dabei zu erkennen, was uns die Meister von jeher gesagt haben: Es gibt keinen Tod.
Es existiert weder Ende noch Anfang der Lebensenergie, welche die manifestierten und unmanifestierten Welten gleichermaßen durchdringt. In unserem Körper tragen wir die Erinnerung an andere Inkarnationen. Ein neugeborenes Kind ist eine alte Seele in einem neuen Kleid. Wenn die Seele ihr Spiel gespielt hat und das letzte Stück in das große Puzzle gesetzt hat, dann löst der Körper die Fäden zum manifesten Leben, damit sie neu gesponnen werden können.
Die Wissenschaft behauptet, dem menschlichen Körper stehe nur eine maximale Lebensspanne von hundertfünfzehn Jahren zur Verfügung. Dennoch ist ihr der Nachweis bisher nicht gelungen, daß Altern in den Genen programmiert ist. Altern scheint eher eine Gewohnheit der Menschen zu sein, die vergessen haben, wie man in seinem Körper lebt, um die Perfektionierung der Zellen zu erreichen.
Altern und Tod sind nicht zwangsläufig miteinander verbunden. Altern ist nicht das grausame »Katz' und Maus« Spiel des Todes mit unserem Körper. Der Tod ist ein natürlicher Prozeß, der nicht durch Mißachtung der Lebenskraft vorbereitet werden muß. Wir wollen ihn als Teil des heiligen Lebens erforschen.

Der Tod als Einweihung

Seit ewigen Zeiten tragen die Menschen in ihren Genen eine Gedankenform, die ihnen zuflüstert, daß der Tod des Körper verhindert werden muß, daß er schmerzvoll ist und wir uns von ihm abwenden sollten. Doch der Tod ist der größte aller Lehrer. Er ist ein energetischer Prozeß, der von einem Bewußtseinszustand zu einem neuen führt. Unsere Angst vor dem Tod hält uns davon ab, dem Leben mit offenen Armen entgegenzutreten, denn wir belasten uns mit ständiger Vorsicht, als sei sie eine starke Rüstung gegen einen listigen Eroberer.

Der Tod an sich ist nicht schmerzvoll. Tod ist eine Lichterfahrung. Er schenkt uns den Kuß der Freiheit und läßt uns nach Hause zurückkehren. Wir brauchen den Tod auch nicht zu suchen, er kommt ganz von allein. Doch sollten wir ihm mit mehr Würde begegnen und ihm den Platz einräumen, der ihm gebührt, statt unserer Angst vor ihm zu gestatten, unsere Lebensenergie zu vereinnahmen.

Tod ist auch nicht nur ein Übergang von einem Stadium zu einem anderen, sondern eine transzendierende Energie, die unseren Körper nicht nur »hinüber« sondern auch auf höhere Existenzebenen trägt. Der moderne Mensch scheint sich nur schwer aus der Negativität des Zweifels befreien und die Realität eines Lebens nach dem Tod akzeptieren zu können. Und doch ist vielen Kindern die Erfahrung vertraut, den Körper in traumhafter Leichtigkeit zu verlassen und wieder in ihn zurückzukehren. Warum also erkennen wir und erinnern wir uns nicht, daß unser jetziger Körper nur ein Aspekt unseres wahren Selbst ist? Der ALTERSLOSE KÖRPER fußt auf dieser Erkenntnis.

Es ist sinnvoll, den Tod als jenen Augenblick zu üben, der uns diese Schwelle des energetischen Übergangs ohne Angst erleben läßt. Wir können voller Liebe den Moment des Todes annehmen. Sterben ist die Kunst der Transzendenz. Im Augenblick des Todes wird eine Energie frei, die uns in eine Dimension transzendiert, die wir mit unserem physischen Körper nicht erkennen können. Deshalb ist sie jedoch nicht jenseits des Verständnisses, denn das Bewußtsein eines jeden Menschen geht über seinen Körper hinaus. Wenigstens einmal hat jeder von uns das Gefühl gehabt, zu fliegen oder sich außerhalb seines Körpers zu befinden und auf ihn hinunterzuschauen, auch wenn wir uns nicht daran erinnern.
Vor einigen Jahren wurde ich darum gebeten, eine Kassette zum Thema Tod vorzubereiten. Am Ende dieser Kassette beschreibe ich die folgende Übung, die ich schon oft mit todkranken Menschen und ihren Familien durchgeführt habe.

ÜBUNG
Die Straße des Lichtes

- Lassen Sie sich allein oder gemeinsam mit anderen an einem ruhigen Ort nieder und entspannen Sie sich.
- Erschaffen Sie in Ihrem Geist eine breite Straße aus weißem Licht, die aufwärts in den Himmel führt.
- Nehmen Sie sich genug Zeit, sich die Straße in all ihren Details genau vorzustellen.
- Nehmen Sie Ihre Lichtqualität wahr und lauschen Sie, ob sie auch Töne erzeugt. Vielleicht

hören Sie eine Melodie, dann geben Sie ihr Raum in Ihrem Geist.

- Begehen Sie nun die Straße des Lichtes und der Liebe oder führen Sie einen Mitmenschen auf ihr entlang.
- Wenn Sie große Angst haben, so schlage ich vor, daß Sie sich auf die Liebe konzentrieren, die von den Menschen zu Ihnen geschickt wird, die den Weg vor Ihnen gegangen sind.
- Der Trost, den Sie und die mit Ihnen Übenden durch diese Vorstellungen erlangen werden, ist insbesondere deshalb so groß, weil sie Ihnen einen Bezugspunkt in jener Welt schenken, an die Sie sich nicht mehr erinnern, aus der Sie aber dennoch in Ihren Körper hineingefunden haben.

Den Tod verstehen

Im LIGHT INSTITUTE versuchen wir den Menschen in einem multiinkarnationalen Kontext zu helfen, ihre verborgenen Ängste und Erinnerungen an den Tod loszulassen. Diese Arbeit hat eine tiefe Wirkung auf die Fähigkeit, mit dem Leben fertig zu werden. Der Körper erhält eine reelle Chance, sich von altem Gift zu reinigen.

Wir möchten, daß die Menschen die ihr Leben einengenden Blockaden auflösen. Wenn der physische Körper keine große Bewegungsfreiheit hat, fürchtet er sich davor, Fahrrad zu fahren, auf eine Leiter zu steigen oder im Wasser zu schwimmen. Entsprechend ist auch das Leben. Die permanente Botschaft lautet: »Vorsicht! Aufpassen!« Jeder Wunsch nach Ekstase wird davon beeinflußt. Der Körper wird behindert von Erinnerungen an bestimmte Todeserfahrungen aus anderen Leben. Deshalb ist es so wichtig, den Menschen beizubringen, auf den Tod bewußt zuzugehen und ihn zu erforschen. Jeder von uns hat bereits zahlreiche Todeserfahrungen, aus denen wir gelernt haben, die wir aber auch loslassen müssen, wenn wir unser Leben freigeben wollen. Körperliche Schmerzen in diesem Leben haben oft eine Verbindung zu Erfahrungen aus früheren Inkarnationen. Ein wunder Hals oder ein schmerzendes Herz kann auf einen gewaltsam herbeigeführten Tod hindeuten, auf Mißhandlung oder Zerstörung. Indem wir es dem Körper gestatten, diese Erfahrung bewußt auszudrükken, beeinflussen wir seine Fähigkeit, dies auch auf emotionaler oder spiritueller Ebene zu tun, denn sie alle sind untereinander verbunden.

Der physische Körper drückt aus, woran die Seele auf spiritueller Ebene arbeitet. Der Therapeut des LIGHT INSTITUTE bittet den Körper, die Todeserinnerung hervorzuholen, die den Menschen jetzt von seinem Leben abhält. Wir nähern uns dem Thema, das die Blockade verursacht. Vielleicht hängt es mit Kommunikation oder sexueller Energie zusammen oder mit der Angst davor, sich vorwärts zu bewegen.

Die gefährlichste Eigenschaft des Todes ist seine Fähigkeit, uns mental zu faszinieren. Der Verstand liebt es, mit dem Thema »Tod« zu spielen und ihn sich auf viele verschiedene Arten vorzustellen. Deswegen mögen Menschen Kriminalgeschichten, sensationelle Zeitungsberichte und schokkierende Filme. Der Verstand sucht sich auf diese Weise sein Konzept und seine Vorstellung vom Tod.

Diese Verstandesvorstellungen vom Tod bringen uns durcheinander, wenn wir den Tod nicht in seiner spirituellen Transzendenz erkennen können. Wir »wissen« nichts von dem vollständigen Todeszyklus. Wir sind auf der mentalen Ebene gefangen. Wenn wir einsehen könnten, daß wir den Tod schon kennen, würden wir anders mit ihm umgehen. Jedoch auf der Erfahrungsebene in dieser westlichen Welt haben wir uns vom Tode abgespalten und ihn Außenstehenden überantwortet. Erst durch diese Abspaltung ist der Tod als Konzept aufregend geworden.

Die bewußten und unbewußten Aspekte beeinflussen sich gegenseitig. Wenn das Bewußtsein ein Konzept vom Tod hat, macht sich das Unterbewußtsein einen eigenen Entwurf daraus. Der Emotionalkörper erkennt die Ladung, die der Entwurf des Unterbewußtseins enthält, und sucht sie immer aufs neue, indem er Filme anschaut oder Bücher liest, die das Thema »Tod« auf die gleiche Weise behandeln. So wird der Tod auf energetischer Ebene geübt. Der Geist prägt die Zelle mit dieser Erfahrung und bereitet sie auf den Tod vor.

Die Wissenschaft forscht nach einem »Todeshormon«, das offenbar während der Pubertät produziert wird, wenn der Körper merkt, daß er sich selbst reproduzieren kann. Die sexuelle Reife bringt den Sterbeprozeß in Gang, weil der Körper nun die Erfüllung seines biologischen Zweckes kennt. Deswegen sind Teenager so oft davon überzeugt, daß sie jung sterben müssen. Sie werden sich dieser subtilen Todesenergien bewußt, spüren das Näherkommen des Todes, das natürlich schon bei der Geburt einsetzte, als Zellen geschaffen wurden, reiften und starben. Diese mentale Konzentration auf den Tod ist die häufigste Todesursache auf unserem Planeten.

Kinder sagen oft Dinge daher wie: »Ich werde sterben, und dann wird es dir leid tun!« oder: »Wenn es mich nicht mehr gibt, wirst du mich vermissen!« oder: »Wenn du mich nicht lieb hast, sterbe ich!« oder sogar: »Ich wünschte, du wärest tot!« Dies beginnt im frühen Kindesalter und wird mit ins Erwachsensein hineingenommen. Wenn der Emotionalkörper diese Macht mitbekommt und merkt, daß er sie gegen andere einsetzen kann, dann wird ihm gleichzeitig klar, daß er eine der stärksten Waffen hat, die es überhaupt gibt. Man hat damit einem anderen gegenüber immer das letzte Wort. Die heftige Leidenschaft, die ein solcher Ausruf oder Gedanke beinhaltet, setzt die Möglichkeit einer Realisierung in Bewegung, die sich schließlich selbst erfüllt. Die darin enthaltene Beurteilung und der Selbsthaß beginnen, Symptome des Todes zu erschaffen.

Krankheit ist ein solches Symptom. Der Körper übt in wiederholter Krankheit den Tod. Manche Menschen bekommen chronische Krankheiten als Ausdruck ihres verborgenen Dranges, zu sterben und den Lebenskampf aufzugeben. Sobald der Verstand den Tod als Konzept aufnimmt, führt er den Prozeß des Sterbens langsam aus. Das Bewußtsein verlagert sich in die mental-emotionale Arena. Der Geist prägt die Emotionen, und die wiederum prägen den Körper.

Ich kann mich an den Augenblick einer solchen Wahl in Galisteo erinnern. Ich ritt nach einem wunderbaren Nachmittag über die Ebene nach Hause. Kurz bevor ich das Tor erreichte, scheute plötzlich mein Pferd. Da ich ohne Sattel ritt, konnte ich mich nicht festhalten und landete daher auf dem Boden, zwischen den Hufen des Pferdes. Ich sah seine bebenden Muskeln über mir, fühlte die Hitze seines Körpers und sah den Huf, der auf meinen Kopf zu schnellte. In Bruchteilen von Sekunden mußte ich mich zwischen Leben und Tod entscheiden. Zuerst sagte mein Geist: »Ja, jetzt!«, doch entschloß ich mich zu leben. Der Huf des Pferdes landete nur wenige Millimeter neben meinem Kopf auf dem Boden.

Die Szene schien in Zeitlupe vor mir abzulaufen, während ich mit meinen Sinnen jedes Detail aufnahm. Ich sah jede Einzelheit des Hufs. Ich fühlte keine Angst und dachte ganz klar. Ich konnte die Panik des Pferdes spüren, als es merkte, daß es auf mich treten würde. Eine ganze Weile blieb ich liegen und ließ das Erlebte immer wieder vor mir ablaufen. Mir war merkwürdig klar, daß ich selbst die Wahl getroffen hatte.

Angst vor dem Tod ist die Ursache für die meisten Schmerzen. Sie verursacht Kontraktionen, und diese erhöhen den Schmerz. Der Tod tritt selten schnell ein. Es ist wie ein langsames Sichschließen. Der physische Körper wird verwandelt, während die Lebensenergie den physischen Bereich verläßt und in den spirituellen Körper hineinschlüpft. Man hat den Tod oft als Schatten beschrieben, der kommt und über einem schwebt. Es handelt sich tatsächlich um eine Art Dunkelheit auf der Zellebene, während das Licht bei dem Sterbeprozeß aus den Zellen hinausfährt. Der Schatten ist die Schwelle zum Licht. Wenn dieses Licht sich entfaltet, heißt uns der Tod in der Umarmung unseres spirituellen Körpers willkommen.

Der spirituelle Körper kennt keine emotionale Angst und keinen physischen Ausdruck. Er vermittelt eine neue Erfahrung, die während beziehungsweise nach dem Todesprozeß stattfindet. Eine Lichtexplosion kennzeichnet den Übergang.

Bei unserer Arbeit mit Menschen geht es uns im LIGHT INSTITUTE darum, den Tod als spirituelle Erfahrung erlebbar zu machen. Um auf diesem Planeten Wachstum zu ermöglichen, müssen wir uns über den physischen Tod hinaus erheben und uns mit den spirituellen Erfahrungen aus unserer Erinnerung verbinden, damit wir uns von den Erinnerungen unseres physischen Körpers befreien können. Gelingt uns dies, dann kommen Menschen auf die Welt, die keine Angst vor dem Tod haben und sich in ihren Lichtkörper hineinbewegen können.
Wir können uns noch immer nicht vorstellen, daß der Tod mit einem einzigartigen Licht identisch ist. Öffnen wir den Menschen in dieser Hinsicht die Augen, so wird sich die Art des Sterbens auf diesem Planeten verändern. Wenn jemand sieht, daß seine Zeit gekommen ist, zur Quelle zurückzukehren, kann er den Körper aus eigener Wahl würdevoll verlassen.

Der friedliche Tod

Es ist wichtig, sich den Willen, in Würde zu sterben, immer wieder aufs neue bewußt zu machen. Man sollte sich so lange im Lebenswillen üben, bis man die Illusionen dieses Lebens transzendiert hat. Nicht etwa, weil das Ego Angst vor dem Tod hat, sondern weil uns die Seele den Zusammenhang zwischen beiden gelehrt hat.
Die nordamerikanischen Indianer glauben daran, daß sich der Körper dem Großen Geist in Würde und ohne Widerstand ergeben soll. Depression, Sinnlosigkeit oder Willenlosigkeit wird losgelassen. Es ist, als streckte man sich wie

ein strahlendes Licht nach oben, gewillt, die kristallisierte Form, die im Körper eingebunden ist, zu befreien. Ihr Körper wird der Transzendenz ins Licht nicht widerstehen, denn er hat eine schöne Erinnerung daran.

Wenn Sie sich dem spirituellen Körper hingeben, wird er Sie auf eine Frequenz heben, auf der Sie wissen, daß Ihr Wille mit etwas Größerem in Verbindung steht: mit Ihrem spirituellen Schicksal.

Wir alle sind schon tausend Tode gestorben. Irgendwo in uns wissen wir das. Wir erinnern uns, daß wir in einem Zustand der Gnade aus unserem Körper gegangen sind, ohne Leid, Schmerz oder Angst, sondern einfach nur, weil es genug war. Wenn wir mit unserem spirituellen Körper in Verbindung stehen, erinnern wir uns an diese Augenblikke der Wahl und des Friedens, in denen wir die physische Form überwunden haben.

Am LIGHT INSTITUTE unterstützen wir den Körper darin, in Frieden zu sterben. Die Erinnerungen daran helfen, angstlos und friedvoller zu werden. In der westlichen Welt ist der Widerstand als eine Art des Überlebens tradiert worden. Das hat mit der Energie wirklichen Friedens nur sehr wenig zu tun. Nur ohne Widerstand erleben wir bewußt den Übergang durch den Schleier in eine andere Oktave hinein.

In jedem Augenblick sterben Tausende von Zellen unseres Körpers. Sie haben ihre eigene Zeituhr. Oder sie sterben aufgrund von Streß und Verschmutzung der inneren Umgebung. Wenn wir uns den Sterbeprozeß irgendeiner dieser Zellen vorstellen, werden wir an den Punkt kommen, an dem sich die sterbende Zelle auflöst. Ihre Materie dient nicht mehr dem Ganzen, und so wird sie wieder zu reiner

Energie, die eine Tochterzelle erschaffen kann. Ein friedvoller Tod ist dann möglich, wenn uns klar wird, daß wir nie aufhören zu existieren, sondern einzig die Form und den Ausdruck unseres Bewußtseins verändern.

Die Erneuerung durch den Tod

Ihr Körper weiß, wie er sich erneuern kann. Alle sieben Jahre werden alle Körperzellen, außer denen des Gehirns und Herzens, ausgetauscht. Das heißt, daß Sie praktisch alle sieben Jahre einen neuen Körper erhalten. Ihr Körper steuert die Erneuerung ohne Ihr Zutun, indem er sich neuer Energie öffnet. Wenn Sie die Übungen und Lehren dieses Buches befolgen und zu Ihrem Herzen sprechen, Ihr Drüsensystem nähren, die Körperflüssigkeiten betrachten, so befinden Sie sich schon auf dem Weg zu einem ALTERSLOSEN KÖRPER. Das Ansteigen Ihrer Vibrationen wird Sie zu Oktaven des Bewußtseins fuhren, auf denen Sie frei sind und selber die Wahl haben.
Ich muß an die wahre Geschichte eines wunderschönen Todes denken, die mich mein Leben lang begleitet hat. Es geht um den Tod Yoganandas, eines großen östlichen Meisters, der, als er starb, seinen Körper in einem perfekten, harmonischen Zustand zurückließ, in dem die Zellen nicht verfielen. Sein Körper löste sich nicht auf, weil er sich schon in einem vollendeten Zustand des Lichtes befand. Dies geschah durch seine vollendete Liebe, durch seine tiefe Verbindung mit jeder Zelle seines Körpers. Jede Zelle, die im Begriff war zu sterben, wurde ins Licht entlassen, und in allen Zellen war seine Göttlichkeit.

Auch Sie können Ihren eigenen Lichtkörper erfahren, indem Sie mit der Energie Ihrer Zellen Verbindung aufnehmen. Auf dieser Ebene können Sie Ihren Körper betrachten und die Quelle des Lebens, die in den Milliarden physischer Zellen lebt, erfahren. Wenn Sie bereit sind, diese Erfahrung auszuweiten, werden die Zellen den Lichtkörper bilden.

Ende ohne Ende

Ihre Suche nach einem ALTERSLOSEN KÖRPER wird Sie über die Grenzen dessen, was Sie als Grenzen der Realität erkennen, hinaustragen. Sie werden das atemberaubende Panorama menschlichen Potentials sehen. Gehen Sie voller Entdeckungsfreude und ohne Angst auf diese Wanderung. Wenn Sie von Ihren Zellen Gesundheit verlangen, dann müssen Sie ihnen auch die Energie geben, damit sie diesen Auftrag ausführen können. Sie besitzen jetzt die Werkzeuge, um Ihren Körper auf eine friedliche und bewußte Ebene zu geleiten, die mit den Gesetzen der Energie in Einklang steht. Die neue Verbindung, die Sie so mit Ihrem Körper aufnehmen können, wird Ihr Leben unendlich verschönern.
Noch während Sie diese direkte Beziehung zu Ihrem Körper stärken, werden Sie bereits die Vorteile und Belohnungen genießen. Stellen Sie sich die Gefühle vor, die zu einer Handlung gehören, um Ihren Körper mehr zu spüren. Er wird Ihnen mühelos folgen. Vergessen Sie nicht, Ihrem Körper für alles, was er für Sie tut, so zu danken, als handle es sich um einen anderen Menschen. Und tatsächlich ist er

wie ein anderer Mensch, mit seinen eigenen Bedürfnissen und Ausdrucksfähigkeiten. Ihr Körper muß als Freund und Lehrer geehrt werden. Er ist Ihr Leben lang der Gefährte, der den Schlüssel zu Ihrer Entwicklungsspirale, die von Ihrer Seele in Gang gesetzt wird, besitzt.

Ihr Wunsch, alterslose Realität zu erforschen, kommt der ganzen Menschheit zugute. Diese Kraft wird in die menschliche Atmosphäre eindringen, wo andere sie wahrnehmen können und sich selbst auf die Suche nach dem ALTERSLOSEN KÖRPER begeben werden.

Können Sie sich vorstellen, was aus den täglichen Gewohnheiten wird, wenn die Menschheit entdeckt, daß sie es nicht eilig hat, weil alles zur gleichen Zeit geschieht? Wir müßten nicht mehr so kämpfen, um von einem Ziel zum nächsten zu gelangen. Alles findet innerhalb des Hologramms innerer Verbundenheit statt. Wir können diesen Prozeß in Bewegung setzen, wenn wir uns nur auf einen Punkt konzentrieren und wissen, daß alles um uns herum damit assoziiert ist. Die Gesetze der Manifestation sind nicht linear, sondern sie sind ein holographisches Pulsieren von Energien, die sich in der Mitte treffen und in Energiewellen auseinanderströmen, um die dreidimensionale Realität zu formen.

Es gibt keinen besseren Ort, um dieses holographische Bewußtsein zu studieren, als Ihren physischen Körper. Wenn Sie zum Beispiel die Zeichnung des Drüsensystems betrachten und sich fragen, welche Drüse Aufmerksamkeit benötigt, werden Sie nach einigen Wochen der Übung entdecken, daß Sie alle auf einmal wahrnehmen und daß Sie gar nicht wissen, welche Ihrer Aufmerksamkeit bedarf. Sie können sie alle zugleich nähren! Das trifft auch auf

Ihre Körperflüssigkeiten zu, die Sie alle in einem einzigen Augenblick bewußter Aufmerksamkeit wahrnehmen können.
Arbeiten Sie geduldig und liebevoll mit Ihrem Körper. In kurzer Zeit werden Sie die Resultate Ihrer Zuwendung spüren. Ganz gleich, wie alt Sie sind, wird Ihr Körper auf die direkte Kommunikation mit Ihnen reagieren. Nicht nur Ihre physische Energie, sondern auch Ihr tiefes Gefühl für sich selbst wird sich für immer verwandeln. Es ist ein herrliches Erwachen, wenn Sie entdecken, daß Ihr Körper selbst, den Sie so lange ignoriert oder abgelehnt haben, das Gefährt der kosmischen Energie ist, zu der Sie zurückwollen.
Sie können jederzeit Ihr negatives Bild von sich selbst verwandeln und es durch die strahlende Vibration ersetzen, die für den ALTERSLOSEN KÖRPER kennzeichnend ist. Dieser Seinszustand strahlt das Licht vollendeter Liebe für alles auf dieser Welt aus. Sie haben das Recht, Ihren ALTERSLOSEN KÖRPER zu rufen. Es ist Ihr Schicksal.

Verzeichnis der Übungen, Rezepte und Tests

Literatur

CHANG, DR. STEPHEN T., *Das Tao der Sexualität*. München: Goldmann, 1995.

CHANG, DR. STEPHEN T., *Das Handbuch ganzheitlicher Selbstheilung*. München: Goldmann, 1993.

DA LIN, *Taoist Health Exercise Book*. New York, USA: Putnam Publishing Group, 1983.

FLANAGAN, PATRICK & GAEL CRYSTAL, *Elixir of the Ageless*. Ohne Ort: Vortex Press, 1986.

HAROLDINE, LITHIUM AND LITHIUM CRYSTALS, *Nature in Harmony*. Carberville, Kalifornien, USA: Borderland Science Research Foundation, 1988.

KELDER, PETER, *Die Fünf »Tibeter«. Das alte Geheimnis aus den Hochtälern des Himalaya läßt Sie Berge versetzen*. Wessobrunn: Integral Verlag, 1989.

LAUFFER, JOHN W., *Waterwise*. West Chester, Pennsylvania, USA: ohne Verlag u. Jahr.

NIEPER, HANS A., *Revolution in Technik, Medizin, Gesellschaft. Konversion von Schwerkraft-Feld-Energie*. Oldenburg: MIT Verlag, 1983.

PEARSON, DURK & SANDY SHAW, *Life Extention. A Practical Scientific Approach*. New York, USA: Warner Books, 1982.

PRICE, DR. JOSEPH, *Coronaries, Cholesterol, Chlorine*. Ohne Ort u. Verlag, 1969.

SCHLECHTER, STEVEN R., *Fighting Radiation and Chemical Pollutants with Foods, Herbs and Vitamins. Encinitas*, Kalifornien, USA: Vitality Inc., 1990.